그
여성을
변호
한다

그 여성을 변호한다

지 은 이   조정칠
발 행 일   2015년 5월 8일

펴 낸 곳   홍 림
펴 낸 이   김은주
디 자 인   디자인집 02-521-1474

등   록   제 312-2007-000044호17
주   소   인천 서구 원당대로 819번길 2-404
전자우편   hongrimpub@gmail.com
전   화   070-4063-2617
팩   스   070-7569-2617
블 로 그   http://blog.naver.com/hongrimpub
트 위 터   http://twitter.com/@hongrimpub

ISBN 978-89-6934-005-4 03230
값은 표지에 있습니다.

그
여성을
변호
한다

조정칠 지음

목 차

권두언

자연계의 극심한 변화가 하루가 다르게 인간들을 공격하고 세상을 위협하고 있다. 이러다가 인류가 종말을 맞는 것은 아닐까 우려가 된다. 이런 공포심보다 더 자극적인 것이 하나 더 있다.

그것은 종교의 난동이다. 잔인하고 악랄하여 말릴 사람이 없다. 한편이 무력으로 연일 공격에 나서면 다른 편에서도 비웃듯이 다른 작전으로 반격에 나선다. 잔인한 폭력 사태는 멈출 기미가 없이 세계를 공포의 분위기로 몰고 간다. 성경의 세계는 오늘의 이런 세태를 이미 예고하였다. '나라가 나라를, 민족이 민족을 대적하여 일어나는' 재앙이다. 올 것이 온 것이다. 오늘날의 이 같은 비극은 탈성경, 반신앙의 모습이다.

이사야 예언에는 '우리가 각기 제 길로 갔다'라는 경고가 나온다.

성경을 제각기 풀고 신앙을 제 마음대로 말하는 시대이다. 이런 혼탁한 종교계를 보고 많은 사람들이 한탄을 한다. 한꺼번에 돌이킬 수는 없을 것이다. 그리고 힘이 있다고 세상을 뒤집을 수도 없는 일이다.

옛날에는 시대마다 걸출한 인물이 나타나 돌파구를 찾곤 했다. 그러나 현대는 그런 인물이 나타나지 않는다. 인간 세상의 토양이 척박하여 시대를 바꿀 만한 인물이 날 수가 없는 것이다. 다만 먼저 깨닫는 자가 한마디씩 던져 주는 것이, 가만히 구경하는 것보다는 빠른 처방이 될 것 같다.

최후의 심판은 하나님 손에 달렸다. 그래서 결국에는 성경을 가진 사람이 답을 주어야 한다. 그러나 성경을 손에 들고서도 해법을 내어놓지 못한다. 그 까닭은 성경을 문자로만 알고 생명력은 실종되었기 때문이다. 그런 의미에서 이런 글이나마 쓰려는 것이다 .

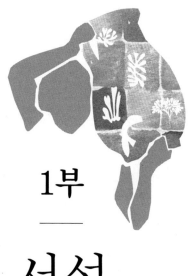

1부

—

서설
序說

1부

서설 序說

서설을 조금 길게 쓰려고 한다. '80해' 라는 것은, 아주 길다고는 할 수 없지만, 그렇다고 짧은 세월도 아니다. 그만큼 살았으면 얻은 것도 많을 테니, 무슨 소리라도 하고 가는 것이 도리일 것 같다. 팔순 잔치 같은 것은 좀 거추장스럽고, 사람들에게 무언가 남겨줄 만한 것으로 글쓰기가 가장 현실적인 것이 아닌가 싶다.

나는 한평생 살아오면서 남에게 무슨 도움을 준 것이 없다. 겨우 자기 할 일을 하고 밥먹고 살았을 뿐이다. 그러니 자서전 같은 것은 내게 어울리지 않는다. 그래서 여기에 내 근황만 몇 줄 끼워 넣었다. 그렇게라도 하는 것이 그동안 성원해 주신 분들에게 보답이 될 것 같기 때문이다. 거기에는 내가 지금까지 성경 안에서 깨달은 감동과 잘못한 일들에 대한 반성, 그리고 가슴에 품고 살아온 내 소신이 들어 있다.

1

한 여성이 사마리아에 살았다. 어느 집 자손인지 그 뿌리를 알 수는 없다. 이름도 모르고 신분도 모르고 나이도 모른다. 무슨 일을 하고 살았는지 그것도 알 길이 없다. 아는 것이라고는 그 여성이 사마리아 사람이라는 것과 이전에 여러 번 결혼하고 이혼당한 적이 많다는 것뿐이다. 그렇게 많은 상처를 준 남편이 다섯이란 것도 예수님께서 처음으로 세상에 밝히셨다.

그 후로 그 여성은 남편 없이 홀로 산 것 같다. 사마리아 여인은 성경에 등장하는 실제 인물이기는 하지만 무슨 업적이 있는 여자는 아니다. 어느 날 "예수께서 직접 그 여성을 찾아가게 된다는 것"이 우리가 연구할 과제이다. 때마침 사마리아 여인은 평소에 하던 대로 우물에서 물을 긷고 있었다. 그러나 여인은 자기를 찾아온 그분이 메시야이신 것을 상상도 하지 못했다.

예수님은 그 우물 곁에서 쉬고 있던 중이었다. 예수님은 먼 길을 걸어서 그곳까지 왔기 때문에 목이 말랐다. 예수님은 처음 보는 여인에게 유대인의 금기를 깨고 물을 좀 달라고 청했다. 그렇게 시작된 말이 동기가 되어 두 사람 간의 대화가 꽤 오래 이어졌다.

대화가 진행되는 동안 예수님의 제자들은 그곳에 없었다. 제자들은 마을에 들어가서 점심을 사오라는 명령을 받고 음식을 장만하는 중이었다. 제자들이 돌아오기 전까지 대화는 계속되었다. 마지막 순간에 예수님은 자신이 메시야인 것을 '그 여성'에게 공개하셨다. 그것으로 대화는 끝이 난다. 그 길로 그 여성은 사마리아에 두루 다니며 자기의 과거를 다 알아맞춘 분이 오셨는데, 그분이 메시야였노라 말하게 된다.

그만큼 이 여성은 메시야 선포 사건에서 중요한 의미를 가진다. 예수님은 사마리아에 메시아 선포가 절실했을 때, 이 여성을 찾았다. 당시 이스라엘은 사마리아와 유다로 분열된 반토막 국가였다. 사람들은 메시야가 오시면 조국 통일이 일어날 줄 믿고 있었다. 예수님은 그 역할의 선봉자로 이 여성을 지목했다. 그리고 짧은 시간에 '메시야 학습'을 직접 완성하셨다.

그 결과로 사마리아에 메시야 물결이 확산되었다. 그런데 그런 위대한 여성을 많은 크리스천들이 어찌나 비난하는지, 그 무지함이 부끄럽다. 근거도 없이 그녀를 폄하하고 창녀라고 모독하는 것은 예사다. 그런 악의에 찬 해석에 분노를 느끼면서 꽤 오랜 세월 동안 참고 살았다. 그러나 이제 이 여인에 대한 잘못된 생각들을 바로잡아야 하겠다. 그것은 성경의 뜻을 제대로 모르는 오해에서 비롯되었기 때문이다.

또한 이런 태도는 예수님의 인격에 손상을 입히는 만행이기도 하다. 예수님은 사마리아 사람에 대한 관심이 특별하셨다. 그래서 유대인과 비교하여 월등하게 차이가 있다는 이야기를 자주하셨다. 한번은 어떤 유대인이 강도를 만나 큰 부상을 당해 쓰러져 있었다. 그 곁을 지나가던 제사장은 그 참상을 보고서도 못 본 척 피해서 지나갔다. 한 레위 사람도 그 현장을 피하여 바쁜 척 달아나 버렸다. 그 두 사람은 부상당한 사람이 자기와 같은 유대인이었지만 외면했다. 그러나 그곳을 지나던 한 사마리아 사람은 갈 길이 바쁜 데도 불구하고, 그 환자를 치료해 주고 안전한 여관으로 데려다주었다. 그리고 여관비까지 부담했다. 이런 이야기를 예수님은 유대인들에게 들려주셨다. 깊은 뜻을 가지고 의도적으로 만든 중요한 이야기였다.

또 한번은 열 명의 나병환자들이 집단으로 예수님께 도움을 청했다. 예수님은 즉시 그들을 낫게 해주었다. 그런데 그중에 감사하다고 인사를 하러 온 사람은 단 한 명밖에 없었다. 예수님은 "열 사람을 다 고쳐 주었는데 다 어디로 가고 너 혼자만 왔느냐"라고 물으셨다. 예수님께서는 그 한 사람이 사마리아 사람이라고 말씀하셨다. 그 이야기는 한층 더 강조한 점이 있는데, 그것은 9:1이라는 비율이다.

이러한 비교도 역시 유대인에게 들으라고 하신 말씀이다. 그리고 더 결정적인 한 가지 이야기가 여기에서 밝히는 사마리아 우물 가에서 만난 여인의 이야기다. 이만하면 아무리 둔한 사람이라도 사마리아 여성을 비난할 생각은 못할 것이다. 더구나 예수님을 메시야로 믿는다면 절대로 그런 망언은 할 수가 없다 .

성경에서는 하나님이 인간을 사랑하고 인간을 구원한다는 것이 가장 중요한 내용이다. 인간을 무시하고 여성을 모욕하는 것은 성경의 중심 사상을 역행하는 대 오류다. 인류 역사의 최대 비극은 성경을 오해하여 메시야를 사기 죄로 고소하고 사형을 시킨 사건이다.

성경은 진리다. 진리는 진실한 증언을 통하여 계승되는 것이다. 예수님은 자신의 처지를 고백하는 그 여성의 말에 동의하여 "네 말이 옳다. 네 말이 진실하다."라고 인정하셨다. 성경에 기록된 예수님의 말씀을 그대로 믿는 자도 있는가 하면 그것을 부인하고 오해하는 자들도 있다.

성경의 진실을 성경으로 밝혀 주는 것은 누구라도 해야 할 일이다. 성경은 성경학자가 지키는 것이라고 생각하는 사람이 많다. 성경학자는 성경을 지키려고 노력하는 자이다. 하지만 때로는 성경학자가 성경을 해치는 실수를 범하기도 한다. 예수님 당시에는 메시야에 대한 의견이 분분하였다. 그런 혼란에 빠졌을 때 성경학자들이 성경을 손에 들고 자기들의 논리로 성경을 왜곡하여 메시야를 정죄하였다. 그리고 그들은 예수님을 처형하는 데 결정적인 악역을 했다.

사마리아 그 여성을 오해하고 정죄하는 데, 가장 역할이 컸던 부류의 인물들이 있다. 그들은 성직자들이다. 그들의 잘못은 성경학자들보다 더 크게 작용한다. 유대인들의 성경 오류도, 예수 그리스도를 죽게 한 원인도 당시 많은 성직자들의 편견과 교만이 성경학자들을 능가했기 때문이다. 현대교회의 성직자 중에서도 성경에 눈이 어두워서 막말로 신앙을 훼손하는 사례는 생각보다 심각하다.

2

나는 50년 목회를 하고 2003년 12월에 70살로 정년 은퇴를 하였다. 그 후 한 교회로부터 초빙을 받아 2004년 1월로부터 2014년 10월 현재, 10년째 그 교회에서 설교를 하고 있는 80대 늙은이다. '오죽하면 이런 글을 쓰겠느냐?'라고 호소를 하지만 큰 기대는 하지 않는다. 지금은 노인을 싫어하는 시대다. 노인은 많아도 노인들의 이야기에는 귀 기울이기를 즐거워하지 않는 시대다. 노인은 별 힘도 없고 인기도 없다.

그렇다고 노인이 비굴하게 겁을 먹고 옹졸하게 기가 죽으면 세상 꼴이 더 우습게 된다. 그렇게 되는 것이 민족의 자존심을 상하게 하는 것 같아서 잠자코 있기가 싫다. 노인이 서럽고 괴롭다는 세상에 과연 젊은이는 행복할까?

늙은이가 이런 일에 발 벗고 나서게 된 까닭이 있다. 며칠 전 이른바 유명(?)하다는 어느 목사의 잘못된 설교를 들었기 때문이다. 그는 한국교회를 대표할 만한 서울의 대형교회 목사이며 사회 지도층에 속하는 공인이었다. 그런 목사가 아직도 사마리아 그 여인을 모독하는 한심한 설교를 하고 있길래 '그것은 아니로소이다'라고 말해야겠다고 생각했다. 그렇게 설교하면 한국교회의 미래가 걱정될 뿐 아니라 한국 사회 발전에도 큰 방해가 된다. 그는 이미 한국교회는 물론 한국

사회에도 적지 않은 악영향을 끼치고 있는 중이다.

　그날 그 목사는 사마리아 여인 설교 중에 남편이 다섯이라는 말을 자기 멋대로 각색을 했다. 남편 1호, 2호, 3, 4, 5호까지... 라고 악평을 했다. 하늘 아래 그런 여자가 태어난 일은 없다. 어느 나라 어떤 여성이 남편을 그런 식으로 만났을까? 그런 여자는 삼류 저질 소설에도 나오지 않는다. 그런 망언을 한국교회 거물급 목사가 했다. 그래서 그의 잘못된 망발에 시정을 촉구하기로 결심하고 이 글을 쓴다. 성경을 마음대로 해석하면, 마음대로 사는 것이다.

　그렇다면 당사자에게 직접 충고하는 것이 당연하다. 그런데 어찌하여 지면으로 공개를 하느냐고 물을 것 같다. 나는 그렇게 할 위인이 못된다. 그 쪽은 큰 힘을 가진 자다. 나는 쥐뿔도 없는 고목(古牧)이다. 다른 분야에서는 나이 많으면 高자를 존칭으로 쓴다. 고수, 고단, 고승 등은 들으면 기분 좋아지는 말이다. 하지만 기독교에서는 목사가 아무리 나이를 먹어도 고목(高牧)이라 하지 않고 퇴목(退牧)으로 취급한다. 그렇다면 古牧이라고 쓰는 것이 제대로 된 표현 같다. 그러니 나에게는 古牧이 맞는 말이다.

　왜 하필 내가 써야 되는가 자문자답도 여러 날 해 보았다. 그러나 누구든 이런 험한 말을 할 사람이 있다는 것이 없는 것보다 낫다. 내가 그럴 자격이 있다는 뜻은 아니다. 그렇다고 내가 책임을 질 자리에 있다는 것도 당연히 아니다.

　지금 우리 시대는 누가 무슨 말을 하는가에 관심을 가지는 세상이 아니다. 유명 인사가 나서서 하는 말에나 민감한 반응을 보이는 것이 세상이다. 나는 유명인이 아니다. 그러니 헛고생을 자초하는지도 모를 일이다. 혹 내가 허공에 바람 잡는 소리를 한다고 오해를 해도 상관없다. 멈출 생각은 없다. 때로는 허공에 바람 잡는 것도 엄청난 이변을 일으키는 수가 있기 때문이다.

나는 예전에 실명의 타격으로 한동안 앞을 볼 수 없었다. 그 후유증을 지금까지 앓고 있는 시력 장애인이다. 그런 줄 알고 있는 사람들은 날더러 '그 영감 오래도 버티고 있구나'하고 응원을 보내 줄지도 모른다. 내가 80노구로 목사 일을 하고 있는 것은 흔한 일이 아니다. 내가 하고 싶다고 시켜주는 일도 아니기 때문이다.

요즘같이 목사가 흔한 세상에 눈먼 노인에게 그런 일을 맡겨주는 교회가 있다는 것은 고마운 일이다. 그런 교회의 미덕도 나에게 한몫은 하는 것 같아서 글을 쓰는 데 힘이 된다. 그러나 처음부터 내가 책을 쓰겠다고 마음 먹고 시작한 것은 아니었다. 평생에 좋은 책 한 권은 써 놓고 갔으면 좋겠다는 희망을 품고 손을 댄 것이 어느새 스무 권이 좀 넘게 됐다.

생각처럼 좋은 책은 아직 쓰지 못했다. 하지만 내가 놀고 먹지만은 않았다는 자부심이 생길 때도 있다. 최근에는 「목사의 죄」라는 책도 썼다. 목사가 무슨 나쁜 짓을 했다는 글이 아니다. 그 글은 목사의 5대 죄를 고백하는 내용이다. 그러니 그 영감, 양심은 지키려고 노력한다는 지지를 보낼 것도 같다.

나는 남자 형제 넷, 여자 형제 하나인 남성 위주의 가정에서 자랐다. 그래서 여성에 관한 이해가 좀 남다르지 않은가 싶다. 오직 어머니 한 분 외에 다른 여성은 그림자도 볼 수 없는 남성만의 집이었다. 그런 탓인지 여성을 천사처럼 보면서 살게 되었다. 그런 정서가 내 인생관에도 많은 영향을 끼쳤다.

나는 젊었을 때 연애로 결혼할 생각을 하지 못했다. 어머니가 나 대신 선을 보러 다녔고, 어머니가 직접 골라 준 여성과 결혼을 했다. 그러나 한 번도 그 선택을 후회한 적이 없다. 그래서인지 나의 전성기라 할 수 있는 회갑을 기념하여 쓴 책이 「어머니 목회학」이란 책이었다. 그 책은 꽤 많은 독자가 생겨서 여러 번 재판을 한 나의 대표작이라 할 수 있다.

그 다음에 쓴 책이 또 여성의 책이다. 「수가성 여자」라는 글을 썼는데, 이번에 또다시 그 여성을 변호하는 글을 쓰게 됐다. 그리고 이어서 구약의 의기 「라합의 러브스토리」라는 책도 썼다. 그리고 내 홈페이지에는 '여성 예찬론' 이라는 게시판도 만들었다. 거기에는 교회에서 찾은 어여쁜 여성 이야기를 써서 여성을 예찬하고 있다.

이 정도라면 내가 한 여성을 변호한다는 글을 쓴다 해도 남성들이 이해를 할 것 같다. 그리고 내가 분수를 모른다는 소리도 하지 않을 것 같다. 아무래도 내가 마지막으로 써야 될 책이 있다면 여성 이야기를 쓰는 것이 격에 맞을 것 같다.

그렇게 하여 어머니께 못다 한 효도라도 하게 된다면 한이 없겠

다. 내 어머니는 내가 미국으로 떠나던 그날 저녁에 자리에 누으시고
는 이튿날에 세상을 떠나셨다. 내가 벼르고 준비해서 가고 싶어했던
미국 땅에 발을 딛던 그 시간에 어머니는 천국에 입성하셨다. 아들을
떠나보냈으니 할 일을 다 했다는 것처럼, 아들에게 훨훨 날아 보라는
말을 남겨 놓고는 눈을 감았다. 작별한 지 하루 만에 어머니와 나는
영원한 이별을 하게 되었다. 그렇게 어머니와 헤어진 나에게는 어머
니의 염원을 풀어야 할 과제가 많이 밀려 있다.

　나는 잠시라도 놀게 되면 온 몸이 쑤신다. 나는 내게 과분하다고
생각되는 것은 무엇이라도 삼간다. 나는 지금까지 한 번도 안식년을
쓴 적이 없다. 교회에서 배려해 준 안식년도 반납했다. 일하는 것이
내 적성에 맞고 일할 때가 정말 행복하기 때문이다.

3

　내가 살아오면서 둘러 본 인생에는, 두 가지 형태의 삶이 있었다.
하나는 돈을 모으는 일에 급급하는 집착의 삶이고, 다른 하나는 빚을
갚아가는 집념의 삶이다. 전자의 특징은 돈으로 무엇을 어떻게 할까?
자기 운명은 어떻게 될까? 고민하는 갈등의 삶이고, 후자는 부담을
조금씩 줄여가는 위안과 안도의 삶이다. 나는 그 후자에 속한 것 같아

서 다행스럽게 생각한다.

그것은 각자가 자기 나름대로 생각하는 착각일지 모른다. 사람이 사는 것 자체를 빚이라고 해도 억울한 것이 아니다. 빚을 갚는 홀가분한 재미를 알면 인생을 좀 더 편하게 살게 된다. 우선 빚 갚는 삶은 부모에게 효도라는 큰 보상이 되기 때문이다. 은행 대출은 빚 중에서도 가장 무서운 짐덩어리지만 , 내 삶에 부여된 의무와 책임은 한없이 고맙고 넉넉한 유산 같은 것이다.

내가 사마리아 그 여성을 생각하고 연구하는 동안에 불어난 나의 빚이 적지 않다. 성경을 보는 안목이 확대됐고 성경을 사랑하는 열정이 뜨거워졌으며, 성경을 대하는 정서가 풍성하고 유연하게 향상되었다. 그 같은 은혜의 빚이 나에게는 에너지가 되었다. 그 빚을 갚느라고 이런 글을 쓰자니 노인답지 않게 가슴이 짠하다.

그 여성은 신약 성경에서 독보적인 존재라 해도 전혀 손색이 없다. 예수님은 어느 누구하고도 단독으로 장시간 만난 적이 없었다. 그런데 사마리아 그 여성과는 유례없는 독대를 하셨다. 12제자 중에서 누구와도 그런 적이 없었고 방문객 중에서도 그런 예가 없었다. 그것을 감안하면 사마리아 여성에 대한 오해만은 풀어야 될 것이다.

사마리아 여성과 예수님이 만난 문제를 성경 해석에 대한 견해차라고 말하는 것은, 심히 유감스러운 일이다. 성경 해석은 다양할수록 좋을 수도 있다. 그러나 다양한 것과 잘못된 것을 혼동하면 곤란하다. 잘못된 성경 해석으로 인한 파장이 신앙에 끼치는 피해가 어느 정도인지를 알면 절대로 우습게 생각하지 못할 것이다. 지금이 그런 오류를 가려낼 때다.

천국복음은 성경에 예언된 그 메시야가 오신다는 것을 믿는 것이다. 그 메시야가 오셨다면 환영하는 것이다. 그 메시야를 만났다면 증거하는 것이다. 메시야 선포가 곧 천국복음이다. 예수님은 사마리아를 회복시켜야 할 책임자시다. 그것은 메시야의 직무이기도 하다. 예수님은 그 과업을 위해 사마리아의 수많은 지도자를 찾아가지 않으셨다. 그 여성을 적임자로 여기셨기에 직접 만나서 일을 성사시키셨다.

그 사건은 초기 복음사에 나타난 많은 사건 중에 한 사건이 아니다. 다른 데서는 찾아 보기 드문 특종에 속한다. 누가 뭐라 해도 그 여성은 선택된 특수한 인물이다. 그런데 그 여성을 왜 비난하는지, 그 이유는 누군가가 꼭 풀어 주어야 할 숙제다. 물론 악의는 아닐 것이다. 그러나 설령 오해라고 해도 그대로 두면 불신의 화근이 될 수 있다.

우리나라에 복음이 처음 들어왔을 그 당시에는 그럴 수도 있었을 것 같다. 그 옛날 완고한 시대에는 남편이 다섯이라는 말조차 듣기 쉽지 않았을 것이다. 그런 여성을 정상적인 인간이라고 볼 사람은 없었을 것이다. 그 시대는 남존여비 사상이 사회의 질서와도 같은 때였다. 흠이 많은 여성을 무시하고 욕해도 아무 저항도 할 수 없었다.

그 당시 우리 사회는 인권 같은 것을 문제 삼는 시대가 아니었다. 더구나 여성이라든가 어린아이들의 인권은 존재 여부도 알지 못했던 시대였다. 성경이 들어온 뒤에도 우리 사회는 아주 어렵게 변화에 적응해 갔으며, 그것도 극소수의 사람들에게만 해당이 되었다. 심지어 서양을 오랑캐로 혐오스럽게 취급하던 때였다.

그런 구시대의 문화가 지배하던 때였으므로, 별 수 없이 여성을 비하하는 것은 답습이 될 수밖에 없었다. 아무도 감싸 줄 형편이 아니었다. 그렇다고 성경이 와전되는 줄도 모르고 그 여성을 비난하는 것도 옳은 일은 아니다. 그것도 '온갖 패륜을 저지른 여성'이라고 과장하여 매도했다. 그 여성에 대한 책임감은 지도자조차 무감각했다. 그 당시에는 그렇게 설교를 해도 이의를 제기할 사람이 없었다.

그런 시대에 어떤 여성에게 남편 다섯이 있었다는 소리를 들으면 당장 불륜을 연상하는 것은 조금도 이상할 것이 없다. 그 당시의 정서가 그렇고 또 성경을 이해하는 수준이 그 정도가 아니었을까 싶다. 조강지처를 가장 건강한 사회적 규범으로 꼽고 살던 때였다.

4

그런 시대에 어떤 자리에서라도 남편 다섯이라는 말이 저속한 정보임은 수긍이 간다. 그러니 별의별 상상력을 동원하여 설교를 편집해도 청중들에게는 호응을 받을 수 있었을 것이다. 그런 설교에도 감동받는 사람이 많았던 시대다. 나도 내가 다니던 모 교회 부흥회에서 들었던 사마리아 여성에 관한 설교가 지금도 훤하니 기억난다.

그때 부흥사는 참으로 기발하게 다섯 남편을 시대 정서에 맞추어서 설교했다. 그 설교를 기억이 나는 대로 옮겨본다. 첫째 남편은 돈 많은 김(金) 서방, 둘째 남편은 권세 있는 권(權) 서방, 셋째는 학벌 좋은 문(文) 서방, 그렇게 4, 5번까지 이름을 나열했다. 청중들은 박장대소했고 부흥회는 대성황을 이루었던 것 같다.

그런 식으로 설교를 풍자하는 것도 설교학의 한 방법일 수 있다. 유머를 전달의 수단으로 쓰는 것은 설교자의 자유일 수도 있다. 다만 웃길 목적으로 그렇게 한다는 것은 삼갈 일이다. 성경의 정서를 벗어난 설교는 신앙에 방해가 된다. 성경을 대충 알면 못할 소리가 없다. 그러나 성경을 주야로 묵상하는 바른 설교자라면 그런 설교는 좋아하지 않는다.

들은 풍월로 풍자하는 설교가 대중들 귀에는 더 친숙할 수도 있다. 한때는 그런 효과를 노리고, 웃기는 설교가 대유행을 하기도 했다. 마치 누가 더 잘 웃기는지, 누가 더 많은 폭소를 자극시키는지 부흥사들 사이에 치열한 경쟁을 하기도 했다. 설교자가 자기 체면도 돌보지 않던 시대였다.

그런 설교 탓으로 청중들은 듣는 귀의 질이 떨어지는 것도 모르고 있다. 교묘하게 꾸미고 말초신경을 자극하는 짜 맞추기 설교가 대세를 이루었다. 거기에 익숙하게 된 귀에는 세속 중독이 생긴다. 그 영향으로 교인들은 깊고 오묘한 은혜로운 설교에는 거부 반응을 일으킨다. 그런 기현상을 치유하기에는 너무 멀리 온 듯하여, '그 여성'을 변호하려는 것이다.

예수께서 갈릴리에서 사마리아성으로 직접 가신 것은 아니었다. 예루살렘에서 갈릴리로 내려가는 길에 들르신 것이다. 12제자를 데리고 갔으나, 그들은 참관만 시켰다. 당시 예수께서 '그 여성'을 선발한 큰 뜻을 이해하는 사람은 생각보다 많지 않다. 예수님과 보는 방향이 서로 다르면, 예수님을 외면하는 것이 된다. 더 나이가 예수님과 뜻을 달리하면 예수님을 배신하는 것이 된다.

지금은 성경을 자유롭게 취급해도 되는 시대다. 자기의 뜻대로 성경을 적용하는 유행을 막을 방법이 없다. 성경 66권을 자유롭게 설교에 사용한다. 그러나 성경은 자기 의도와 필요에 따라 이용하는 교본이 아니다. 성경은 하나님의 뜻이다. 그 뜻은 내가 믿고 받들어야 하는 엄숙한 명령이다. 그것을 임의로 가로채어 자기에게 유리한 방법으로 설교하는 것은 위법이다.

성경은 하나님의 계시로서 구구절절 하나님의 뜻이 들어 있다.

그 가운데 내 뜻은 들어 있지 않다. 성경의 기본 뜻을 이해하는 것이 가장 중요하다. 요한복음 4장의 사마리아의 여성에 관한 사건은 특별히 요한이 기록한 복음서에 들어 있다. 그 사건은 요한을 포함한 12제자가 잠시 그 현장을 떠나고 없을 때, 일어난 일이었다. 요한은 그 현장에 있었던 목격자가 아니었으므로, 그 일에 대하여 전혀 아는 바가 없었다.

그곳에는 예수님과 그 여성 외에는 아무도 없었다. 예수님이 아니면 그 현장에서 있었던 일은 요한도 모른다. 그렇다면 당연히 요한은 예수님으로부터 그 일을 전해 들었을 것이다.

요한복음 4장의 사마리아 여성 사건은 예수님의 단독 사건으로 보아야 된다. 그렇게 보면 그 여성 이야기는 메시야 출범의 표본 같은 것이라고 봐도 될 것 같다. 유대인들은 메시야가 오신다면, 반드시 예루살렘에서 발표식이 있을 것으로 믿고 있었다. 그 일이 사마리아에서 먼저 발표가 될 줄은 꿈에도 생각을 할 수가 없었다. 예수님은 유대인들의 그런 기대를 깨고 파격적인 거사를 사마리아에서 발표하였다. 그 일에 주역으로 발탁한 인물이 바로 사마리아 토박이 '그 여성'이었다.

6

메시야를 바로 알려면, '그 여성'을 통하여야만 한다. 요한은 자신의 독특한 기법으로 예수님과 그 여성의 일을 정밀한 앵글에 맞추어서 특종으로 잡았다. 그렇지 않았다면 다른 복음서 기자가 그 좋은 소재를 빠뜨렸을 리가 없다. 요한은 예수님의 당일 상황을 단독으로 정리하여, 복음서 전체에서 가장 중요한 특종을 발표하게 된 것이다.

그런 특이한 이유 때문에, 그 사건은 접속하는 '관점'이 중요하다. 서툴게 보면 시골 여성이 주책을 부리는 촌극의 한 장면 같고, 대충 보면 아리송한 우화 같다. 그러나 자세하게 관찰하면 보석 같은 뜻이 담겨 있다. 그중에서 가장 난해한 부분은 '남편 다섯'이라는 대목이다. 하지만 그것도 생각하기에 따라서는 아름다운 환상일 수도 있고, 싱거운 헤프닝 같은 것일 수도 있다.

남편 다섯이라는 말은 단숨에 이해될 쉬운 말이 아니다. 한 개인의 일생과 관계가 있을 것이다. 그 당사자에게는 아픈 상처이며 슬픈 역사임에 틀림없다. 다섯 남편의 발설자는 예수님이시다. 무슨 뜻인지 밝히지는 않았다. 그러니 모르면 잠자코 있는 것이 덕이 된다. 근거 없이 남을 폄하하여 창녀라는 말로 설교까지 한다는 것은, 이해할 수 없는 일이다. 그런 무엄한 설교는 예수님께도 누가 되며 복음을 훼손하는 것이다.

예수님은 절대로 남의 치부를 들춰내는 무례한 일은 하지 않으셨다. 사람을 부끄럽게 만들어서, 자신을 높이시는 분도 아니시다. 그 여성은 비록 파란만장한 삶을 살긴 했으나, 신앙만은 예수님을 감동시킬 만큼 깊은 사람이었다. 당시 어디서도 볼 수 없는 독실한 신학적 수준이 있는 신앙인이었다. 진정한 예배를 갈망하였고, 오직 메시야를 기다리는 것이 인생의 최대 목표였다.

오해의 빌미가 되는 부분은 남편 다섯 말고도 한 곳이 더 있다. 다섯 남편 못지 않게 이해가 까다로운 걸림돌 한 개가 요상하게 박혀 있다. 견해에 따라서는 흥미롭기도 하다. 하지만 잘못 생각하여 걸려 넘어지면 코피를 흘리게 된다. '지금의 남자는 네 남편이 아니라'는 그 한마디 말이 그것이다. 일반인의 정서로는 넘어지기에 딱 맞게 묘하게 박힌 돌이다. 네 남편이 아니면 남의 남편을 불법으로 취한 것이라고 오해할 만하다. 그런데 예수님이 아니라고 해명해 주실 정도라면 그럴 만한 정당한 사유가 있을 것이다.

7

다섯 남편이란 발설은 그 여성이 생수를 달라고 요구를 했을 때 일어났다. 영원히 목마르지 않게 하는 생수를 그 여성이 이해한 것은 아니었다. 알지도 못하는 그에게 예수님이 생수를 주려고 조건을 제시하는 말 같다. 느닷없이 네 남편을 데려오라고 했으니, 그렇게 이해할 수밖에 없다. 남편 있는 남의 여성과 무슨 거래든 함부로 할 수는 없다. 예수님이 건넨 그 한마디가 그 여성의 신분을 명확하게 털어내는 절차라 본다면 답은 쉽게 보일 것이다.

한 점의 의혹이 없도록 그 여성의 신변을 깨끗하게 세탁할 의도로 '네 남편을 데려오라'는 명령을 한 것으로 보면 된다. 그 여성은 '남편이 없다'라고 대답을 했다. 그 대답은 예수님이 기대했던 바와 같다. 더 정확하게 말한다면 그 여성이 스스로 밝혀 주기를 바랐던 답변이라고 해도 된다. 그것이 그 여성의 진실을 밝혀 주기 때문이다.

예수님이 추악한 여자를 순결하다고 말할 리가 없다. 다만 강자가 약자를 함부로 짓밟지 말라는 경고일 것이라고 믿는 것이 좋겠다. 예수님은 혹시 현지인들에게 결례가 될까 해서 그 여성의 남편을 만나야겠다고 제안했을 수도 있다. 그 여성이 남편이 없다고 거짓 없이 사실 그대로 대답한 것은 조금도 잘못된 것이 아니다.

예수님은 즉시 그 여성의 말이 옳다고 인정하셨고 발표도 하셨다. 그러니 '지금 있는 남자'라는 말을 오해하지 않는다면 아무 문제도 없다. 그 남자가 네 남편이 아니라면 당연히 남편이 없는 것이라고 해명을 하기도 했다. 진리이신 예수님은 의혹도 거짓도 모순도 한점 없으신 분이시다. 예수님이 옳다면 옳은 것이고, 아니라면 아닌 것이다.

예수님이 인정하는 일이라면 누구도 부정하지 못한다. 부인할 생각을 해서도 안 된다. 지금 있는 남자는 네 남편이 아니라는 말을 엉뚱한 상상으로 조작하는 사람도 있다. 마치 남의 남편과 몰래 불륜을 저지르고 있는 것처럼 나쁜 생각을 한다. 그런 불순한 생각을 한다면 자기가 넘어지게 될 위험이 크다.

8

왜 예수님의 말씀을 있는 그대로 믿지 않겠다는지 그 의도가 불순하기 짝이 없다. 예수님은 그 여성을 사마리아에 꼭 필요한 인물로 보셨다. 그런 여성을 이유 없이 헐뜯는 것은 아무리 좋게 해석을 하려 해도 할 수가 없다. 그 여성은 예수님을 선지자로 알아보았고, 후에는 메시야로 보았고 알았고 믿었다. 그리고 그 증인으로 나선 인물이다.

예수께서 직접 먼 길을 걸어서 찾아 오셨고 기다리고 있다가 만나본 그 여성은 예의가 반듯했다. 상대방 인격에 누가 된다는 이유로 배려깊게 양해를 구하는 지혜와 교양이 돋보였다. 대화를 소화하는 능력이나 태도, 식견도 탁월했다. 예수님이 지목한 여성답게 흠 잡을 데가 없는 여성이었다.

상대를 잠깐 피상적으로 겪게 되면 그 사람을 이해하기가 쉽지 않다. 대충 보면 단순한 시골 여성임이 틀림없다. 하지만 놀라운 것은 그녀의 유례없이 높은 신학 사상이었다. 아무도 입 밖으로 내어놓지 못하는 큰 문제를 안고 있는 별난 여성이었다. 어디서 예배를 드리는 것이 옳은지, 사마리아 성전인지 예루살렘 성전인지 그런 고민을 하는 사람은 어디서도 만나 볼 수가 없었다.

왜냐하면 유대인에게는 절대적으로 예루살렘 성전 한 곳뿐이었기 때문이다. 사마리아인도 역시 사마리아 성전뿐이라고 믿었다. 그런데 그 여성은 사마리아 사람이면서도 그들의 상반된 주장과 배타적인 신앙을 무조건 인정하기를 싫어했다. 하나님을 두고 쟁탈전을 벌이려는 불순한 정신을 개혁하고 싶다고 예수님께 제의했다.

9

그 여성이 제안하는 문제를 예수님은 바로 접수하셨다. 한치의 망설임도 없이 신속히 답을 하셨다. 예수님의 단호하신 답변을 듣던 '그 여성'은, 갑자기 하늘이 열리는 것 같은 충격에 빠졌다. "여기서도 말고 거기서도 말라"는 폭탄 선언은 누구도 할 수 없는, 오직 하나님만 내릴 수 있는 통쾌한 소리였다. 예수님은 대화를 좀 더 적극적으로 몰아가신다. 곧 개봉될 메시야 발표의 대단원의 막을 열기 위해서 마지막 수순을 밟기 시작한 것이다. 그 여성에게 메시야 선언을 하실 결정적 순간이 임박했다. 준비가 완료되었다는 신호로 하나님께 신령과 진정으로 예배할 때가 지금이라고 첫 번째 시보를 울렸다. 이렇게 예배하는 자가 있는지 찾으시는데 "그가 바로 너"라고 하시며 두 번째 시보도 울렸다.

그 순간 그 여성이 입을 열었다. 메시야가 오시면 모든 것이 해결된다는 말을 했다. 그 말을 하자마자 예수님은 "내가 곧 그로라"고 밝히셨다. 그 여성은 자기가 메시야 앞에 섰다는 것이 꿈만 같았다. 자기를 찾아오신 그분, 생수를 주신다던 그분, 신령과 진정으로 예배하는 자를 찾고 계시는데 그게 너라고 기뻐하시던 그분이 그분이셨다.

예수님은 그 여성의 과거 현재 미래의 모든 누명과 모든 멸시, 모든 장벽을 철폐하셨다. 그 메시야를 우리가 믿는다면 그 여성을 바르게 보는 눈이 필요하다. 그 여성은 공중으로 날아가고 있는 것처럼 감격에 겨웠다. 발이 땅에 닿아 있는지 실험하고 싶었다. 물동이를 던져 버리고 사마리아성으로 달려간 여성은 메시야를 보았다고 외쳤다.

그 여성의 말을 믿고 사람들이 몰려와서 메시야를 환영했다. 사마리아 백성들이 그 여성의 말을 들었고 그 여성의 말을 믿었다. 그 말을 조금도 의심하지 않았다. 사람들은 그 여성을 얕보거나 미워하거나 비난하지 않았다. 절대로 무시한 적이 없다. 그 증거가 곧 사마리아에 메시야 선풍을 일으킨 일이다.

사마리아는 수백 년 동안 피로 얼룩진 땅이요, 온갖 이방인이 짓밟은 땅으로 상처와 한이 가득하게 고여 있는 땅이었다. 예수님은 그 땅에서 한 사람 즉 한 여성을 찾았다. 밟히고 찢긴 사마리아 땅만큼, 시퍼렇게 멍들고 찌들린 '그 여성'을 사마리아의 대표주자로 뽑았다. '그 여성'은 사마리아를 상징하는 인물이다. 예수님은 그 여인을 통해서, 사마리아는 물론 유대 전체에 메시지를 보내시는 것이다.

10

메시야 선풍에 도취한 사마리아 백성들의 행복한 향연이 그 여성 이야기의 절정이다. 예수님은 그 일을 위해 예루살렘에서 갈릴리로 가는 '바른 길'을 택하지 않았다. 유대인은 절대로 발을 대지 않는 땅, 사마리아를 의도적으로 들르셨다. 그 땅의 백성들을 끌어 안으시려고 그 땅을 당신의 발로 지나가신 것이다.

모든 신앙은 성숙의 때가 있다. 시절을 좇아 열매가 영글듯이 신앙도 성숙되어야 한다. 미숙한 것은 정품이 될 수 없다. 신앙도 미숙하면 신앙으로 취급하기 어렵다. 그 여성은 갈등이 없고 대립도 없고, 차별도 없는 성숙한 신앙을 가지고 메시아 앞에 서게 되었다.

예루살렘의 하나님과 사마리아의 하나님을 어떻게 생각하고 어떻게 믿어야 할 것인가 하는 문제는 현재도 계속되고 있다. 유대인은 법궤가 예루살렘 성전에 있으니, 예루살렘 성전이 법통이라 하였고, 반대로 사마리아인은 하나님의 약속된 전통이 자기들에게 있다고 맞섰다. 법통과 전통의 대립을 예수님께 판결을 요청했더니, 이것도 아니고 저것도 아니라고 하셨다.

이 세상에서 '내가 옳다'라고 하는 주장과는 다르다. 네가 틀렸다고 대립하는 싸움은 그칠 날이 없다. 그것을 판정할 사람이 없다. 아무리 싸워도 끝이 없는 것을 '너도 아니다, 그렇다고 너도 아니라'고 판정하신 그분 앞에서 바른 삶 바른 정신, 바른 신앙을 찾고 지켰으면 좋겠다. 바른 신앙을 찾고 계시는 그분 앞에 그 여성이 있었다는 것은 잊지 말기를 바란다. 누가 그 여성을 지도했을까? 누가 그 여성을 찾아내신 것일까?

2부
—

가설
可說

가설 可說

可說(가설)은 假說(가설)을 내 방식으로 해석한 것이다. 假說은 생각을 조리 있게 만드는 것이고, 可說은 이치를 말이 되는 근거에 맞춘 것이다. 한 개인이 절박한 진실을 설득하려는데 그럴 방법이 없다. 그래서 무모하게 약간의 반칙을 하고 있는 것이다. 엄연한 진실을 假說로 변호한다는 것이 죄송하여, 내 식으로 옳을가(可)를 거짓가(假) 자리에 대신 쓴다. 누구에게 허락을 받지 않고 내 마음대로 쓴 것이다.

나는 자유인이라는 말을 즐겨 쓴다. 그리스도인은 죄로부터 자유를 얻은 자이다. 그러므로 그리스도인은 자유를 알고 자유를 사랑한다. 나는 그 자유의 전령으로 살고 싶다. 그런 이유로 한 여성을 변호하려고 한다. 거기에는 참 자유를 깨우쳐 주는 흥미로운 내력이 있다. 그런 아름다운 여성 이야기가 흙 속에서 누명을 쓰고 묻혀 있다. 이런 글을 쓰고 있는 이유는 그 여성의 무죄를 밝혀서 자유의 세계로 방면하기 위해서이다.

이 可說은 '그럴 수 있다'라는 확신으로 내가 만든 한시적인 말이다. 많은 사람들이 그 여성에게 새까맣게 먹칠을 했다. 그리고 별별 욕설을 가리지 않고 한다. 그런데 나 혼자서만 그렇지 않다고 반론을 제기하여, 한판 승부를 가려 보려고 한다. 그렇게 도전을 하자니 절대 다수를 대항할 힘이 부족하다. 옛날 다윗은 돌멩이로 골리앗을 쓰러뜨렸다. 나는 그런 용기 대신에 송곳을 하나 만들었다.

작은 구멍 하나만 뚫을 수 있다면, 그리로 깨끗한 바람을 집어넣을 생각이다. 그 송곳을 可說이라 이름을 지었다. 그것이 내게는 미사일 같은 위력이 될 것이라 기대한다. 정말 검은 것을 검다고 하는지, 뭘 잘 모르면서 남들이 그러니까 덩달아서 그런 소리를 하는지 꼭 밝혀 내고 싶다. 이 작업은 생각처럼 쉽지는 않다. 궁여지책으로 송곳을 무기 삼아 덤비는 이 늙은이를 노욕을 부린다고 비웃는 소리가 들린다. 그래도 천국에 가면 그 여성에게 주신 생수 한 잔을 내게도 주실 주님을 생각하면서 희망의 글을 쓴다.

노인답지 않는 이런 생뚱한 발상이 일침(一針)의 효과는 있을 것이다. 한국교회에는 흰 옷을 더럽히지 않고, 주님과 동행하는 사데교회 성도들이 많이 있다. 혹여 이런 운동을 응원하는 동지가 있다면 만나서 이야기하고 싶다. 그러나 사마리아 그 여성을 변호하기에는 적지 않은 난관이 있다. 그것은 정보의 빈약이다. 그리고 주변의 호응이 시큰둥하다. 왜 너 혼자만 별나게 구느냐고 나무란다. 그런 외로움 때문에 더욱 하고 싶은 열정이 생긴다. 그런 고집은 나 자신도 말리지 못한다. 그대로 계속 달리는 것이 나답게 사는 것이다.

📋 알아두기

1) 메시야와 단독 면담은 여기 한 곳밖에 없다. 그만한 특종이면 드러낼 만한 가치가 있다.
2) 결혼, 이혼이 많았다면 그 여성에게는 미모와 불운이 겹쳐 있다. 그 아픈 삶의 이면을 가상해 보았다.
3) 그 여성의 지혜와 신앙이 비범하여 그런 영향을 끼친 주변 환경을 알맞게 구성하여 그려봤다.
4) 그 여성에게도 소중한 삶이 있다. 그녀도 부모의 사랑을 받는 자식임을 생각하고, 그러한 가정을 이야기로 풀어내었다.
5) 그 여성에게 '메시야를 기다린다'는 뜻인, '메기'라는 이름을 지어 주인공답게 만들어 주었다.
6) 그 여성의 신앙을 보면 배후에 훌륭한 스승이 있었을 것이다. 그 스승을 추상적으로 그렸다.
7) '네 말이 옳다, 진실하다'라고 예수님이 인정하셨다. 그 위에

예측 가능한 발상을 그려 보았다 .

8) 메시야 앞에서 메시야를 증거하는 독특한 그 여성의 실체를 최대한 진실하게 나타냈다.

9) '선한 사마리아 사람'이란 정서를 살려 내고 모든 것을 선하게 그리기 위해 조금 무리하게 각색했다.

메기의 오후

1

　수가성 외각 능지에 낡은 공방이 있다. 옛날 시리아 군대가 장기간 쓰던 낡은 군막이 여러 채 그곳에 남아 있었다. 후퇴를 하던 군인들이 군막에 불을 질러 놓고 철수했던 것이다. 그중에 타다 남은 한 채를 지붕만 손을 봐서 그대로 쓰고 있다. 시리아 군대가 철수한 뒤 비어 있던 것을 어느 목수가 공방으로 쓰게 된 지도 오래전 일이다. 한때는 탁자, 의자 등을 만들어서 호황을 누렸던 이름난 명소였다. 그러나 지금은 늙은 목공 한 사람이 간신히 가구 수리를 해주는 한산한 곳이 되었다.

나이 많은 목공은 이 공방을 자기 아들에게 물려주고 세상을 떠났다. 아들이 다시 아버지의 뒤를 이어 가업을 일으켜서 공방은 활기를 되찾았다. 주로 농가에 필요한 기구며 집에서 쓰는 가구들을 만들기도 하고, 수리도 하는 공방으로 경기를 회복했다. 그 목공의 솜씨가 아버지를 닮은 탓으로 마을 사람들의 총애를 받았다. 그러면서 공방은 아버지의 전성기를 되찾는 새역사를 펼치고 있었다.

벌이가 잘 되어 호황을 누린다는 소문은 금세 온 고을에 퍼졌다. 그러자 딸 가진 사람들이 사윗감으로 점찍어 둘 지경에 이르렀다. 목공은 심덕이 좋아서 대수롭지 않은 일이면, 수고의 대가도 받지 않았다. 그렇게 인심이 좋아서 고객 관리는 늘 만점이었다. 그러니 사업은 저절로 성황을 이루었다.

그런 좋은 신랑감이 어느 집 사위가 될지 마을 사람들의 관심이 날로 더해 갔다. 드디어 어느 날 목공의 혼담이 사실로 밝혀졌다. 얼마 후에 혼례를 올리게 된 규수는 마을에서 제일 오래된 옹기집 딸이었다.

사마리아는 잦은 침략으로 인구의 이동이 심했다. 살아남기 위한 몸부림으로 피난을 다녀야 했기 때문이다. 그런 전시에도 옹기집 사람들은 피난을 가지 않고 집을 지키고 마을에 머물고 있었다. 그 땅을 짓밟은 침략자는 강제로 주민들과 통혼을 했다. 그런 악법으로 영구한 지배를 노렸다. 그 혼혈 정책이 유대인의 분노를 유발케 했다. 유대인은 철두철미하게 단혈 민족의 자존심을 지키며 사는 민족이었다. 그러나 사마리아는 어쩔 수 없이 혼혈되어 선민의 자리에서 추락했다. 사마리아가 혼혈 정책을 수용한 것이 아니었다. 선택의 여지가 없었다. 속수무책으로 짓밟힌 것이다. 엄청난 피해를 보았지만, 유대인들은 전적으로 혼혈 사마리아인들에게 책임을 떠넘겼다.

그런 비극으로 유대인은 사마리아와 등을 돌렸다. 아무리 세월이 흘러도 혼혈 사건만은 용서가 되지 않았다. 결국 지울 수 없는 민족의 수치는 민족 간에 원한의 장벽이 되고 말았다. 그 불행의 책임을 사마리아가 메고 이방인처럼 무시당하면서 살아왔다. 엄연한 선민임에도 그 상처를 지고 유대인에게 외면을 당해야 했다. 시리아로 끌려간 사마리아 사람들도 많았다. 그 빈자리에는 많은 시리아 사람을 이주시켜 사마리아를 더욱 곤혹스럽게 했다.

그런 혼란 중에서도 옹기집은 자기 집을 떠나지 않고 지키고 있었다. 그 때문에 떠돌다가 돌아온 가난한 사람들에게 적지 않은 도움을 줄 수가 있었다. 그 집 사람들이 인심이 후하기로 유명했던 것도 그럴 만한 근거가 있었던 것이다. 피난을 다니지 않고 한 자리에서 살았기 때문에, 다른 집에 비해서 위험한 일은 많이 겪었으나 손실은 다른 사람들에 비하면 현저하게 적었던 것이다. 그런 보답을 이웃들과 나누려고 무척 노력하는 집이었다.

그뿐 아니라 옹기를 만들어서 생업을 하면서도 남다른 철학이 있었다. 자기 손으로 만든 제품을 독식하지 않고 절반만 자기 몫으로 챙겼다. 그 나머지 절반은 팔아서 주민들과 가난한 사람들을 위해 나눠

주었다. 옹기를 만드는 재료는 단지 흙과 물뿐이다. 흙이란 임자가 없다. 모든 사람이 함께 쓰게 되어 있는 것이다. 도공은 그렇게 생각이 건전하고 마음이 따뜻했다. 그래서 그 집 딸의 결혼은 온 마을 사람들의 축제가 되었다.

신랑은 목공이요, 신부는 도공의 딸이니 얼마나 잘 어울리는 한 쌍이냐고 화제가 만발했다. 모두들 그들이 천생배필이라고 찬사를 보냈다. 그 후 목공의 신혼 생활은 소문으로 훨씬 확대되었다. 겨우 열다섯 살 소녀가 목공의 아내로 변신한 이야기는 요란한 바람을 몰고 왔다. 새 신부가 신랑의 공방에 드나들게 된 것이 즐거운 이야깃거리가 되었다. 새 신부는 남편의 일을 돕고 싶다면서 시키지 않는데도 공방에서 일을 도왔다. 새색시답게 예쁘게 단장을 하고 나가서 솜씨를 발휘한 것도 소문의 한 몫을 했다.

옹기집 딸은 어릴 때부터 예쁘다는 소문이 나 있었다. 그 아버지가 옹기를 빚을 때도 자기 딸을 닮게 빚는다는 소문이 있었다. 어떤 아버지도 자기 눈에는 자기 딸이 예쁘게 보이는 법이다. 그러나 도공의 딸은 남들이 모두 한 인물을 한다고 인정했다.

엊그제까지도 순진하고 귀엽기만 하던 소녀가 갑자기 꽃단장을 한 숙녀로 변신을 했으니 어찌 동네 아낙네들이 입이 간지러워 가만히 있었을까 싶다. 더구나 질투심 많은 젊은 층 여성들은 없는 소문까지 부풀려서 입방아를 찧기 바빴다. 새색시가 공방의 마네킹 역할을 한다는 소문이 가장 압권이었다. 공방에 목공 혼자서 일할 때보다 드나드는 고객이 날이 갈수록 늘어난다는 소문 때문이었다. 소문은 거기서 더 불어났다.

　새색시는 남편을 도와주느라고 공방에 있는 시간이 길어졌다. 때로는 종일 남편 곁에서 잔일을 돕기도 했다. 그런 이유로 공방 분위기가 달라진 것은 나쁠 것이 없었다. 그러나 그런 변화는 신경을 건드리게 되는 악재가 되기도 했다. 일감을 들고 찾아오는 남성들의 아내들이 질투를 하는 것이었다. 고객이 배나 늘었다는 것은 그런 오해를 받기에 충분한 이유가 되었다. 예쁜 신부의 효과는 마치 과욕을 부리게 된 것처럼 역효과도 있었던 것이다.

　공방에는 평소보다 주문이 쇄도하여 즐거운 비명을 지를 지경이었다. 목공은 예쁜 아내뿐만 아니라 재복을 덤으로 얻은 것 같았다. 목공은 흥이 나서 낡은 간판까지 선명하게 닦아냈다. 가업을 시작할 때 쓴 '메기'라는 상호가 먼지로 뒤덮여서 무슨 글씨인지 알아볼 수가 없었다. 아버지가 물려준 신앙의 표어가 '메기'였다. '메시야를 기다린다'는 뜻의 약자로 '메기'라는 두 자를 써서 공방을 자식에게 물려줌과 동시에 메시야 신앙까지 알뜰하게 상속했다.

　사마리아 사람들은 민족의 상처 때문에 한층 더 메시야를 소망으로 삼았다. 유대인들은 이스라엘의 국권을 통치하는 정치적 메시야를 갈망했다. 반면에 사마리아인들은 국가를 회복하는 거룩한 종교적 메시야를 기다렸다.

　목공은 '메기'라는 상호만큼 신뢰받는 공방을 이루어 아버지의 유지를 잘 받들고 살았다. 일 년이 지날 무렵 목공에게 또 하나의 희소식이 날아들었다. 그것은 목공의 아내가 임신을 했다는 것이다. 목공을 닮은 듬직한 아들이 태어날지, 어여쁜 아내를 닮은 공주가 태어날지 주변 사람들의 호기심을 불러일으켰다.

몇 달 후에 목공은 예쁜 공주를 얻었다. 부부는 딸의 이름을 예쁘게 짓고 싶다면서 온갖 궁리를 하였다. 그러다가 공방의 호황 중에 태어난 딸을 공방의 이름으로 지으면 좋을 것 같다는 아내의 말을 목공이 좋게 생각했다. 공방의 호황 경기를 닮아 무럭무럭 자라나라는 뜻으로 '메기'라고 지었다. 뜻이 좋을 뿐 아니라 그 이름은 이미 유명세를 타고 있었다. 조상이 지어 준 이름이며 신앙의 유산으로 물려받은 가문의 명예이기도 했다. 그 이름은 대대로 물려줄 가문의 상징이 되어가고 있었다.

'메시야의 메, 기다린다는 기', '메기'는 참 예쁘고 뜻이 깊은 이름이었다. 이름과 같이 훌륭한 인물이 되기를 기도했다. 아기는 무럭무럭 잘 자랐다. 공방의 경기도 변함이 없었다. 그런 중에 뜻밖의 병마가 침입했다. 행복을 시샘하는 운명의 화살이 산모에게 타격을 준 것이다. 메기네 집에 그 흉한 악마가 찾아왔다. 목공의 아내가 출산 후에 건강이 나빠지게 되었던 것이다.

좀처럼 회복이 되지 않자 목공은 공방을 비워 놓고 아내의 병을 고치려고 전적으로 매달렸다. 별의별 이름난 의원을 다 찾아다녔다. 하지만 고치겠다는 의원은 좀처럼 만날 수 없었다. 무슨 병인지도 모른 채 꼬박 삼 년을 허비하게 되었지만 아내는 끝내 건강을 회복하지 못하고 세상을 떠나고 말았다.

무슨 여자가 남보다 빼어난 미색을 타고 났으면 명줄이라도 든든하게 붙잡고 태어날 것이지라고 분통을 터뜨렸다. 그러나 처량한 홀아비의 넋두리를 받아 줄 사람은 아무 데도 없었다. 딸을 낳았으면 길러나 주고 갈 것이지 그 나이에 박복하게 죽기는 왜 죽느냐고, 패악을 부려봐도 부글부글 끓는 울분은 잠 재울 수가 없었다.

자기가 스물 일곱 살에 장가를 갔을 때 아내는 겨우 열다섯 살 소녀였다. 옹기집 딸이 예쁘다는 소문은 옹기집 도공의 딸 자랑으로 그쳤으면 좋을 뻔했다. 미인박명이라는 말이 마치 자기 아내를 저주하는 말 같아서 무척 싫었다. 미인이라는 말만 들어도 속이 불편했다. 메기는 제 엄마를 닮지 않게 해 달라고 누구든지 붙잡고 애걸이라도 했으면 속이 좀 풀릴 것 같았다.

제발 예쁘게 살려고 하지 말고 오래만 살아 달라고 딸의 건강만을 위해 빌고 또 빌었다. 하지만 메기가 제 엄마를 쏙 빼닮은 것이 자꾸만 걱정이 되었다. 아버지는 딸을 예쁘게 가꿀 솜씨도 없었고 그럴 자신도 없었고 그리고 싶은 생각조차 없었다. 그러다 보니 딸은 자기 스스로 커 가는 것 같았다. 목공이 이런저런 고민을 하는 동안에 메기는 무럭무럭 잘도 크고 있었다.

어느새 메기의 나이가 열다섯 살이 되었다. 아버지 손에서 자란 딸이니 엄마 없이 자란 모양새가 완연히 표가 났다. 엄마 손에서 자란 아이들과 비교할 수 없을 만큼 차이가 있었다. 공방에서 나무를 다듬듯이 딸을 대충 돌봤으니 규수감으로는 먼 훗날이 되어서나 걱정할 일처럼 보였다.

아직은 어리다 지금은 아니다 싶었으나, 생각보다 빠르게 메기의 혼담이 들어오기 시작했다. 아내가 죽었을 때 무슨 업보라는 괴담이 나돌았는데도 딸의 혼삿길은 아무 장애도 받지 않았다. 그동안 아내가 병을 앓던 중에 자연사했는데도 이상한 괴질로 죽었다는 흉측한 소문도 있었다.

그럼에도 불구하고 어느 집에서는 진즉부터 메기를 며느리로 점찍어 두었다는 소식이 있었다. 그 댁의 어른이 공방을 직접 방문한 날은 목공에게 큰 위로가 되었다. 비로소 자기라는 존재가 아직도 건재하다는 자부심이 생겼다. 그 어른은 그런 이상한 소문 때문에 목공의 딸에게 더욱 관심을 가지게 되었다고 했다. 그런 소문의 십중팔구는 유명세 같더라는 해석을 내렸다.

오랜만에 듣는 그 말이 무척 큰 위로의 선물처럼 고마웠다. 훗날 사돈이 될 그분에게 정중하게 답례했다. 소문대로라면 자기 딸은 평생 시집가기는 틀렸다고 해야 될 것이다. 그런데도 당장 자기 며느리로 달라는 것이었다. 소문이란 겁낼 것이 아니었다. 듣기에 따라서는 서운하던 악담이 도리어 덕담이 되어 돌아오기도 하는가 싶었다.

혹시 무슨 방해라도 있을까 봐 노파심이 발동했다. 하지만 곧 제어미가 열다섯에 시집을 갔으니 제 딸도 그렇게 하도록 운명이 지어진 것으로 마음을 정했다. 한동안 잊고 있었던 아내가 하늘에서 웃고 있는 것 같았다. 여기저기에서 소문을 듣고 잘했다는 인사를 보내왔다.

딸 메기가 시집가던 날, 반가운 축하의 꽃이 온 마을에 만발하였다. 마을 사람들뿐 아니라 멀리서도 하객이 많이 모여들었다. 그 엄마의 그 딸인가 어떤가 궁금한 소문이 사람들을 끌어모았다. 한때 미모로 공방을 뜨겁게 했던 만큼 훈훈한 인심 또한 반전으로 되돌아오는 날도 있는 것이 인간이 사는 세상이었다.

새삼 메기를 낳아 준 아내가 고마웠다. 당신은 미색으로 산 것만큼 그 값을 너무 비싸게 치렀으나 당신의 딸 메기에게는 보상만 남았노라고 하늘에서 내려다보고 있을 아내에게 축하를 보냈다. 메기는 엄마의 얼굴이 가물거려 몇 번이나 제 얼굴을 거울에 비춰봤다. 엄마의 아름다움에는 아직도 턱 없이 미치지 못했다.

양가 어른들이 시키는 대로 하다 보니 어느새 결혼식이 끝나고 있었다. 결혼식은 재미있을 것이라고 생각했던 것과는 판이하게 달랐다. 평소에 결혼식을 가까이서 볼 기회가 없었던 탓이다. 얼떨결에 예식은 끝나고 시댁 식구들 앞에 둘러싸였다. 그 자리에서도 자기가 뭘 해야 되는지 모른 채 따라 하기만 했다. 밤 늦게까지 뭘 하기는 한 것 같은데 기억이 가물가물했다. 그렇게 모든 행사가 지나갔다.

시댁에는 식구가 많았다. 일감도 많았으나 일손도 많아서 눈치 볼 일이 없었다. 그런 덕분에 풋내기 시집살이라도 행복이 느껴지는 것 같아 편하고 좋았다. 종일 일을 하면서 웃기도 하고 먹기도 하면서 하루하루가 흘렀다. 위 아래의 구분과 질서가 확실하여 서툴고 어눌해도 어우러져서 살게 되어 있었다. 오랜 세월간에 정돈된 가문이어서 서로 간에 어려울 것이 별로 없었다.

새로 식구가 된 메기는 일을 하기보다 집안을 골고루 살피고 익히는 것이 먼저 할 일이라고 생각했다. 그것부터 해두는 것이 자기 공부라고 생각했다. 식구들은 자기더러 열심히 배워도 몇 달은 걸린다고 서둘지 말라는 조언을 해주었다.

그간은 긴장이 되어 정면으로 바라볼 수 없었는데 차츰 집안을 익혀가면서 얼굴을 마주하는 식구들의 인상이 밝아지고 있다는 느낌이 들었다. 하루하루가 다르게 식구들의 미소짓는 얼굴빛이 달라지는 것을 느꼈다. 품위 있는 예절이며 고요한 말씨가 호의를 가득 머금고 있었다. 그런 흐뭇한 분위기가 자기에게 과분하다는 생각이 들기도 했다. 하지만 차츰 또 다른 느낌을 주는 뭔가가 있음을 발견했다. 마주치는 사람마다 뭔가 해주고 싶은 말을 입에 물고 있는 눈치였다. 메기는 식구들이 무슨 긴한 말을 입에 가득 머금고 있다는 것을 알아차렸다. 물론 그것은 아주 좋은 말이라는 생각이 들었다. 드디어 그 숙제가 하나하나 드러나기 시작했다. 맨 처음 시누이가 먼저 말문을 열었다. 서로 간에 처음으로 말문을 트는 순간이었다.

시누이는 메기보다 10년 연상이었다. 그는 올케더러 우리 집에 없는 것이 무엇인지 말해 보라고 했다. 마치 시댁을 대표해서 하는 말

처럼 느껴졌다. 메기는 아직 아무것도 생각해 볼 겨를이 없어서 주춤
거렸다. 그러자 시누이는 깔깔 웃으면서 천천히 생각해 보라고 했다.
그러나 별것 아니라는 뜻은 아닌 것 같았다. 오히려 아주 중요한 뜻이
있을 거라고 느껴졌다.

그때부터 집안을 둘러보면서 낱낱이 손을 꼽아 보았다. 그러면
서 무엇이 이 집에 없는지 하나하나 적어 보기도 했다. 다음날 그 다
음날도 시누이는 답을 요구하지도, 재촉하지도 않았다. 며칠이 지난
후에 시누이와 다시 마주쳤으나 오히려 느긋하게 메기에게 답을 말하
지 말라고 했다. 무슨 잘못을 했거나 실망을 시킨 것 같아서 겁이 덜
컹 났다.

시누이는 눈치를 챈 듯 선심을 쓰듯이 말했다. 그 답은 알았다면
말할 필요가 없는 일이라고 했다. 그리고 정답이 아니면 들어도 소용
이 없는 일이라고 말했다. 그러면서 그 문제는 여기서 끝을 맺겠다고
했다. 그렇게 마무리를 한다면서 의미 있는 웃음을 짓고는 돌아서 갔
다. 우연인지 알 수 없으나 집안 모든 사람들의 표정이 시누이의 표정
과 비슷했다.

도대체 그 집에 없는 것이 무엇이기에 새색시에게 그런 부담을 주
는지 알 수가 없었다. 크게 신경을 쓸 일은 아닌 듯했으나 한편으로는
가문의 중대사와 관련된 수수께끼 같았다. 시어머니가 어느 날 시누
이 없는 틈을 타서 그 수수께끼의 답을 알려 주었다. 듣고 보니 꽤 큰
문제였다. 답을 알았다고 말할 일이 아니었다.

다음 날 시누이에게 답을 찾았다고 말하자 즉시 엄지 손가락을 치켜세우며 환하게 웃었다. 잘해 보라는 격려가 그 웃음에 가득 고여 있었다. 그러나 답을 알았다고 당장 풀 수 있는 것이 아니었다. 수수께끼를 풀었다고 해결이 된 것도 아니었다. 듣고 보니 그 집에 없는 것은 온 식구들이 학수고대하는 엄청난 것이었다.

모든 사람이 달라붙어서 높은 탑을 쌓을 일이라면 해볼 만하였다. 그런데 그 집의 일은 그런 것과는 거리가 먼, 참으로 수수께끼보다 더 풀기 어려운 과제였다. 하지만 쉽게 풀리려면 가만히 있어도 풀리는 쉬운 일이었다. 그러나 경우에 따라서는 죽어도 되지 않는 난공사이기도 하다. 돈을 아무리 많이 들인다고 해서 될 일이 아니었다.

딸을 시집보낸 후로는 손에 일이 잡히지 않던 메기 아버지께 사돈 댁에서 반가운 초청이 왔다. 혼자서 무료하기 짝이 없을 테니 한번 다녀가라는 희소식이었다. 어떻게 자기 마음을 알고 딸을 보러 오라는지 고맙기가 이를 데 없었다. 처음 있는 사돈 댁의 초대날이 밝아 왔다. 차마 딸이 보고 싶었다는 말은 입 밖에 낼 수가 없었다. 아비가 시집살이하는 딸에게 폐를 끼치게 될까 봐 무척 조심스러웠다.

사돈댁은 생각보다 사는 형편이 좋아 보였다. 그렇게 융숭한 대접을 받은 것은 평생에 처음이었다. 딸을 만났으나 할 말이 생각나지 않았다. 보기만 해도 모든 시름이 사라졌기 때문이다. 그런데 딸의 얼굴에 무언가 근심이 있어 보였다.

떠나오려는데 자꾸만 딸에게 무슨 말이라도 듣고 싶었다. 그래야 이웃사람들에게도 할 말이 생길 것 같았다. 딸을 보면서 무슨 말이라도 해 보라고 조르기도 하고 달래기도 했으나 아무 말이 없었다. 그냥 돌아갈 수는 없다고 했더니 아버지는 들어도 도움을 줄 수 없는 일이라고 했다. 눈치 없는 아버지는 계속 무슨 말이라도 듣고 싶다고 했다. 마지못한 딸은 아버지께 심각한 얼굴로 출산 이야기를 끄집어 냈다.

시댁에서는 아기를 몹시 기다리는데 아직도 아무 기별이 오지 않는다고 했다. 아버지는 그제서야 '앗차! 실수를 했구나.'하고 후회가 되었다. 그 댁에서 아기를 바라는 것은 너무나 당연하다. 그러나 아기는 혼자서 낳는 것이 아니다. 서둔다고 되는 것도 아니다. 그래서 무거운 걸음으로 돌아올 수밖에 없었다.

소식이 있으려면 벌써 있었어야 했기 때문에 아버지는 불안하기 짝이 없었다. 딸의 전송을 받으며 마을 앞까지 나왔으나 차라리 딸을 보러 오지 않았으면 좋았을 것 같은 후회가 들었다. 딸을 보러 가지 않았으면 이런 고민은 없지 않았을까 하는 자책이 우러났다. 이제 일 년이 겨우 지났으니 시급한 것은 아니었다. 그러나 마음이 놓이지 않는 것은 좋지 않은 예감 때문이었다.

무슨 변고가 아닌가 싶은 불길한 예감이 계속 압박을 하였다. 옛날에는 불임의 원인이 여성 편에 있다고 단정짓던 시대였다. 그것은 생물학적 해석이 불가능해서가 아니었다. 임산부의 태를 열고 닫는 것을 하나님의 권한으로 믿었기 때문이다.

그날부터 아버지는 딸의 소식이 궁금해지기 시작했다. 또 일 년이 훌쩍 지나갔다. 소식이 있거든 아버지께 알려 달라고 신신당부했으니 무소식은 불길하다. 재촉할 일이 아니라는 것을 모를 리가 없었다. 전할 소식이 생겼다면 어련히 친정에 알리지 않았겠느냐는 생각이 들고도 남았다. 하지만 아버지는 애꿎은 딸에게 기별을 하지 않는다고 혼자서 성질을 부렸다. 그것이 딸을 사랑하는 아버지의 애정 표시가 아닌가 싶다.

아무리 속을 끓여도 메기로부터 들려오는 소식은 없었다. 아버지가 속을 태우는 딸이 밉다고 투정을 부린다 해도 없는 소식을 만들 재주는 없는 노릇이었다. 그런 것이 세상 모든 아버지들의 말릴 수도, 막을 수도 없는 아빠만의 탄식이다. 어느덧 삼 년이 지나고 있었다. 집안에서는 적막이 감돌고 있어서 함구령이 내린 집 같았다. 심지어 식탁에서도 아무 말이 없어진 지 오래되었다.

아버지는 모든 각오가 되었다. 우선 딸을 소환하여야 될 것 같았다. 그리고 나서 다른 방법으로 그 댁에 길을 터 주는 것이 도리라고 생각했다. 딸이 비켜난 후 당장 해결이 되지 않는다 해도 할 일은 하는 것이 옳다. 그대로 버티는 것은 남의 가문에 누가 된다. 아버지는 딸이 궁금하여 사돈 댁으로 당장 달려가고 싶었다.

양가 어른들이 모종의 협의가 필요할 것 같았다. 그러나 이런 일에 친정에서 먼저 말을 꺼내는 것은 실례 같아서 나설 수도 없었다. 그러다가 결심을 미룰 수 없다는 판단을 하기에 도달했다. 그제서야 아버지는 일을 어떻게 하는가 그것보다 우리가 책임을 어떻게 져야 하는가 그것이 더 중요한 것 같아서 사돈 댁으로 길을 나섰다.

딸이 뭐라고 하는가는 나중에 신경을 써도 될 일이다. 내 자식이 남의 집 대를 끊는다는 것은 딸의 책임만은 아닌 것 같았다. 도착하기가 무섭게 문안을 했다. 사돈 내외분의 예의 바른 환대가 마음을 안정시켜 주는 것 같았다. 그런데 자기 딸 메기가 보이지 않는 것이 마음에 걸렸다. 무슨 일이 있었다는 것을 말해 주는 표시였다.

사돈 댁에서는 어떤 말이라도 꺼내려는 기색을 보이지 않았다. 자기도 무슨 말을 꺼낼 수가 없었다. 해가 서쪽으로 많이 기울어져 있었다. 밤이 오기 전에 무슨 이야기든 마무리를 짓고 가려면 이러고 있을 시간이 없었다. 조급하고 초조한 모습을 본 사돈이 말을 꺼냈다. 하실 말씀이 많으실 텐데 오늘밤은 여기서 함께 지내면서 이야기를 나누는 것이 어떠냐고 의견을 물었다. 그러는 것이 좋을 것 같다고 대답했다.

사돈끼리 마음을 열고 품고 있던 고민을 털어 놓은 시간은 자정이 조금 지날 무렵이었다. 두 사람의 생각은 크게 다르지는 않았다. 자식을 낳는 것이 원칙이고, 불임이면 가능한 길을 찾으면 될 것이라는 생각도 같았다. 그 길을 어떻게 찾을 것인지 방법만 합의하면 될 것이라고 뜻을 모았다. 그리고 그 문제는 본인들의 의사가 중요하다고 해서, 그 일의 과정을 더 지켜보기로 하고 대화를 마무리했다. 다음 날 아침에 두 사돈은 의좋게 헤어졌다.

딸이 며칠 동안 생각할 시간을 달라고 해서 때를 기다리는 중에 아버지가 알아서 사돈 댁으로 찾아온 것이다. 그것이 아버지로서는 오히려 잘된 일이기도 했다. 사돈 댁에서도 그런 판단을 대단한 용단으로 높게 평가하는 것 같았다.

며칠이 지나고 한 달이 지나도 딸은 시댁에도 친정에도 소식을 전하지 않았다. 할 말이 생각나지 않아서 기다리는 것은 아니었다. 아무 방법이 보이지 않아서 찾고 있는 것도 아니었다. 이런 일은 냉정하게 판단하지 않으면 두고두고 서로 어렵게 되기 십상이다. 그러므로 냉정할 필요가 있어서 그때가 차기까지 시간을 벌기 위해 숨어 있는 중이었다.

어차피 이혼은 기정사실이었다. 이를 원만하게 처리하려면 정을 끊는 것이 먼저 할 일이었다. 그 시기를 만들고 있는 중이었다. 이럴 때 같이 대화하고 이것저것 주고받고 따지다가 울고불고하면 끝이 나지 않을 뿐 아니라 일이 더 꼬일 수가 있다는 것이 메기의 지혜로운 판단이었다. 이런 일은 경험이 중요한 것이 아니라 미래를 내다보는 현명한 판단이 중요하다.

메기의 아버지는 지겹고 갑갑하여 만사가 손에 잡히지 않았다. 무슨 일이 터진 것은 기정 사실인데 자기의 딸은 어디로 가고 있는지 무슨 생각을 하고 있는지 궁금하여 죽을 지경이 되었을 때 한통의 기별이 날아왔다. 발신이 고향의 회당 주소였다. 딸이 그동안 머물렀던 곳이 고향의 회당인 것 같았다.

그곳에는 인자하신 스승이 계신 곳이다. 거기에서 제 갈 길을 의논드렸으면 응당 스승이 지도해 주었을 것이다. 성경을 가르치는 스승이었으나 인생길을 인도하는 권위도 인정받는 분이었다. 양쪽 집으로 각기 전달된 소식은 메기의 마음을 담아 보낸 처음이자 마지막이 될 귀중한 옥합의 향기 같은 것이었다.

시댁 어른에게는 며느리로서 보내는 하직 인사였다. 친정 아버지께는 딸로서 올리는 사죄의 고백이었다. 시댁으로 보낸 편지에는 떠나야 할 사람이 때를 놓치면 그 피해가 엄청나다고 했다. 자기 한 몸이 가문을 살려야 하는 시기가 지금이라는 말을 남기고 아무 말도 덧붙이지 않았다. 자신의 고통은 타고난 몫이므로 스스로 지고 가겠다는 결심을 피력했다.

메기의 결심은 대견한 판단 같았다. 시댁에서는 아량을 최대한으로 베풀어 주려고 했다. 어떻게 해서라도 첫 며느리를 본부인의 위치에서 조금도 변동이 없게 하려 했다. 하지만 그런 약속도 메기를 며느리로 붙잡는 데는 아무 효력이 없었다. 심지어 남편은 밖에서 아들을 낳아서 데려오겠다며 가지 말라고 했다. 그런 뜻은 고맙지만 사태만 복잡하게 만드는 일이라고 사양했다.

만의 하나 남편이 자기를 못 잊어하는 일이라도 생길까 봐 곧 재혼을 하게 될 것이라는 거짓말도 띄워 보냈다. 어떻게 해서라도 남편과의 정을 끊겠다는 노력은 생각처럼 쉽지는 않았다. 하지만 메기가 그렇게 깊은 생각을 한다는 것이 시댁 사람들에게는 미모만큼이나 아름답게 느껴졌다.

그동안 은신처로 삼았던 곳도 기한이 되었다. 한 달만 있겠다고 했던 약속은 어떻게 해서라도 지킬 생각이었다. 하지만 이사야 선생의 지도 없이는 혼자서 자기 인생을 꾸려 갈 자신이 없었다. 이사야 예언서를 연구하여 회당에서 가르친 탓으로 그렇게 불렀던 것이 본명처럼 되었다. 메시야 신앙을 지킨다는 이유로 결혼도 하지 않고 살아온 독신주의자다.

'이사야'라는 이름을 남용한다고 선생이 나무란 적이 있다. 자기같은 졸부에게 대선지자의 이름이 가당하기나 하느냐고 제자들을 꼴통이라고 머리를 쥐어박기까지 했다. 제자들도 물러서지 않고 존경의 뜻이라며 고집을 부렸다. 그러다가 누가 묘안을 내놓았다. 이사야 선생을 줄여서, 이선생이면 어떠냐고 했더니 모두가 박수를 쳤다. 선생님도 더는 간섭을 하지 않았다. 그 후로 이선생은 영원한 이선생으로 제자들의 마음속에 자리잡았다.

그 스승은 제자들 중에 독신으로 살겠다는 학생이 있으면 무조건 퇴학을 시킬 정도로 고집스러운 데가 있었다. 당신의 독신을 모방하는 자는 자신을 지킬 위인이 못 된다는 이유였다. 인생은 누구나 자기 혼자다. 자기 혼자만의 삶이고 자기 혼자만의 몫이 있다. 그것을 모르고 남의 인생을 흉내내는 자는 가르칠 마음이 없다고 했다.

메기도 선생님같이 혼자 살고 싶다고 했다가 쫓겨날 뻔했다. 선생의 특징 중에 가장 자주 보는 것은 단호함이다. 우유부단은 절대 봐 주지 않는다. 선생님의 충고는 제자를 진정으로 생각하는 사도의 높은 가치를 깨닫게 해주었다. 훌륭한 스승을 모방한다고 나쁘다는 말이 아니었다. 사람은 자기라는 존재 가치를 알아야 인간의 자격이 있다고 했다.

메기에게는 따로 충고할 필요가 있었다. 너는 여성 중에서도 특이한 운명을 타고난 여성이라고 지적해 주었다. 얼굴이 예뻐서 박복할 것이라고는 말하지 않았으나 편하게 살기는 힘들겠다고 했다. 그 이유는 두 가지였다. 한 가지는 어머니 덕이 없는 이유였다. 딸은 엄마를 닮는데, 그 엄마는 미인으로 잘살기는 했으나, 너무 일찍 죽었다는 이유였다. 다른 한 가지는 일을 시켜 보면 좀 가르쳐 주고 싶은 사람이 있는데, 너는 가르쳐 줄 데가 별로 없다는 것이다. 그런 것이 인복이 궁할 징조라고 했다. 두뇌가 명석한 것은 좋은데 메기는 여성으로는 조금 넘친다는 것이다. 그래서 앞으로 아기를 낳지 못하는 여성이라도 환영한다는 남성이 나타나거든 재혼을 하라고 충고를 했다.

사람의 운명은 아무도 모른다. 그런데 운명이 노출되는 것을 보면 그 사람의 미래를 알 수 있다. 그것은 걱정이 말해 준다. '사람이 하지 않아도 될 걱정을 하는 것은 그 운명이 비관적이라는 것이고, 해야 할 걱정을 하지 않는 사람은 그 운명이 낙관적이라는 것이다'라고. 꼭 그렇다고 증명을 할 수는 없다. 그러나 생각해보라. 잘될 운명이 앞에 기다리고 있는데 걱정이 생긴다는 것은 이치에 맞지 않는다.

그래서 걱정에 찌들린 인생은 아무 일도 기대하지 말라는 것이다. 걱정을 취미처럼 하는 사람도 있다. 그런 사람은 평생 좋은 날 보기는 어렵다. 메기는 이선생의 영향을 제일 많이 받은 제자다. 메시야 신앙도 뛰어나고 메시야 학습도 충실히 이수했다. 메기는 지금 걱정을 하고 있는 것이 아니라 미래를 설계하고 있는 중이었다.

메기는 자격지심으로 이선생에게 울분을 토했다. 여성으로 태어나서 불임이라는 이유로 부끄럽게 쫓겨났으면 그만이지, 무슨 염치로 또 시집을 가겠느냐고 했다. 그랬더니 그것은 너 자신을 몰라서 하는 소리라고 나무랐다. 이선생은 하나님이 남녀 중에 어느 쪽에 관심을 더 많이 쓰겠느냐고 물어보았다. 이선생은 메기의 답을 듣지도 않고 그것은 여성이라고 했다.

이선생은 메기에게 하나님이 가지고 있는 여성의 비밀을 깨닫게 해주었다. 세상은 남성에 의해서 돌아가는 것 같지만 남성을 여성이 지배한다고 했다. 창세기에 기록되기를 세상이 다 만들어지고 사람도 만들어 놓았는데 여자가 없었다. 얼마 동안은 남자 혼자서 살았다. 그러다가 하나님이 남자가 잠든 틈에 그 남자의 갈비뼈로 여성을 만들어서 남자에게 안겨주었다는 것을 알라고 했다. 이 우주 안에 조물주께서 만드신 피조물 중에 여성보다 더 아름다운 존재는 없다고도 했다.

모든 만물은 공개적으로 만들었다. 다만 여성만 비밀스럽게 만드셨다는 것이다. 여성 속에 있는 비밀스러운 가치가 하나님의 비밀이기도 하다. 모든 생물은 암수가 있다. 사람을 제외한 모든 암컷은 생식 본능이 유지되는 동안만 존재 의미가 있다. 그러나 사람은 생식 기능과 상관없이 일평생 여성의 지위를 유지한다.

이선생은 아직 어리고 앳된 메기라는 이혼녀의 미래를 도와주려고 별 이야기를 다하여 희망을 주고 있었다. 메기도 이선생의 마음을 충분히 읽고 있었다. 남편과 헤어져서 갈 곳이 마땅치 않으면 회당 보육실에서 일이라도 하면서 때를 기다리라고 배려해 주었다. 여성은 결혼을 여러 번 하게 되어도 그것은 불행이 아니라고 위로했다.

여성이 필요한 곳에 여성이 없다는 것보다 더 큰 불행은 없다는 것을 많이 강조했다. 너는 여성을 필요로 하는 곳에 가겠다는 결심만 하라고 했다. 그런 곳을 찾아 줄 터이니 스승의 말만 들으라고 했다.

드디어 메기가 시댁으로 갈 날이 되었다. 가서 자기 의복만은 가지고 오는 것이 피차 마음에 편할 것 같았다. 한 달만에 메기는 시댁으로 돌아왔다. 온 집안 식구들이 시집오던 날보다 더 환영을 했다. 시집오던 날 새색시의 몸값은 잘 모른다. 이미 자기 집 사람이 되었으므로 한 사람의 식구일 뿐이다. 그러나 지금은 시집을 졸업할지도 모르는 입장이어서 그의 몸값은 상상하기가 어렵다. 메기는 한 가문의 대를 이어야 할 자식을 책임질 수 없는 실격자 신세가 되었다. 그런 이유로 자기의 진로를 재고하지 않을 수 없게 되었다.

메기는 순수한 마음으로 모든 것을 내려놓았다. 한 가문의 며느리는 물론 한 남편의 아내 자격도 반납할 준비가 되었다. 그리고 이번의 결정은 전적으로 자진 사퇴를 하는 것이었다. 하지만 세상은 그녀를 소박당한 며느리로 기억하거나, 남편에게 버림받은 여자로 알 것이다.

이런 입장에서는 누가 용서를 구하며 누가 위로를 하는 것인지 그 역할이 분명치 않다. 마음이 편하기는 떠나는 며느리가 아닐까 싶다. 시집 사람들은 식구 한 명을 잃게 되는 피해자일 수도 있고 그 자리에 다른 식구를 교체하는 주무자일 수도 있다.

한 가문을 위해 물러가는 쪽은 결단의 주인공이다. 불임을 자기 탓으로 알고 한 마디 변명도 없이 물러가는 여성을 누구도 이해한다고 말하기는 어렵다. 메기는 대본을 읽듯이 줄줄 자기 처신을 발표했다. 대부분은 이선생의 지도로 결심을 한 것이지만 자신의 진심이기도 했다. 무엇보다 시댁의 선의를 받아드리지 못한 것은 확실히 가슴 아픈 일이었다.

식구들이 납득하기에 아무 무리가 없는 말을 골랐다. 마음에 어떤 찌꺼기가 조금이라도 남지 않게 하려고 노력했다. 붙잡는다고 마음이 흔들려서 갈 사람이 주저앉을 가능성은 없다. 시댁에서도 메기의 진심을 충분히 믿고 있었다. 그런 이유로 아무도 말리려고 나서는 사람이 없었다. 시집올 때 가지고 온 것은 별로 없었다. 그러니 가지고 나갈 것도 작은 옷 보따리 하나뿐이었다. 그것만 들고 집을 떠나기까지 메기는 자기 신변에 관해서는 아무 말도 하지 않았다. 시댁에서도 앞날에 관하여 묻는 말이 없었다.

사후 문제는 양가 어른들이 합의하면 될 일이었다. 그런 자리에서 붙잡겠다는 시늉도 하기 어렵고 눈물을 보이면서 난색을 표하는 것도 가식적인 사치 같았다. 묵묵히 앉아서 전송마저 사양하던 그 모습이 오히려 마음을 짠하게 하는 아픔 같았다. 메기도 수다스럽게 인사 말을 하게 될까 봐 감정을 억제했다. 정을 남기고 가는 것은 관계를 훨씬 더 힘들게 만드는 것이 될 뿐 아무 도움도, 위로도 되지 않을 것이다.

그 길로 찾아간 곳은 아버지 집이었다. 아버지는 이제나저제나 딸의 소식만 기다리던 중이었다. 딸의 운명이 이미 계곡으로 들어선 것을 알았다. 아버지는 아무 말도 꺼내지 않았다. 메기는 아버지 마음을 훤히 들여다보고 있었기 때문에 아무 설명도 하기 싫었다. 목 놓아 울고 싶은 것이 지금의 심정이었다. 하지만 아버지 앞에서 웃음을 지어 보이려고 엉뚱하게 이선생 이야기를 꺼냈다. 아버지는 하나님 다음으로 이선생을 신뢰하는 지지자다.

아버지도 딸의 마음을 알았다는 뜻으로 딴전을 피웠다. 점심을 뭘로 먹을까 딸에게 물었다. 메기는 집에 무엇이 있느냐고 되물어 보았다. 앞으로 살아갈 일은 지금 해야 할 이야기가 아닌 듯했다. 지금은 아무 생각을 말고 쉬었으면 좋을 것 같아서 아버지는 딸을 집에 붙들어 놓으려 했다. 메기는 아버지의 생각을 알고 회당 별관 보모 숙소에 벌써 예약을 해 뒀다고 안심을 시켰다.

점심을 먹고 나서 아버지는 딸과 헤어졌다. 엄마 없이 기를 때처럼 딸을 가슴에 꼭 껴안았다. 살이 쏙 빠진 딸의 몰골이 제 어미가 병치레를 할 때같이 처참했다. 메기는 씩씩한 척하느라고 큰 소리로 아버지께 건강하게 계시라는 인사를 남기고 길을 떠났다. 시댁과 무슨 연락할 일이 있거든 아버지가 다 처리하라는 말은 짐을 맡기는 것 같아서 입을 닫았다.

회당으로 돌아가서 별관에 있는 보모 숙소에 들어갔다. 사전에 이선생과 약속된 것을 모두 알고 있었다. 회당 안팎에 밀린 일이 많아서 쉴 여유가 없었다. 새 보모가 한 명 늘었으나 일은 여전히 바빴다. 잡일을 맡아서 봉사하는 일이 새 보모의 몫으로 말끔히 정리되었다. 이따금 새로 고아가 오면 그들을 돌보는 일이 메기의 차지였다. 이선생은 메기를 보모하라고 세상에 보낸 하나님의 딸이라고 격찬했다.

어떤 아이라도 메기의 손만 닿으면 저절로 웃게 되었다. 그렇게 만드는 천부적 재능이 그녀에게 있었다. 그런 재능 때문에 아이들이 아니라도 그녀 앞에만 서면 웃음을 찾게 되었다. 사람을 웃게 하는 것은 기술이 아니라 감각이다. 메기는 다양한 감각의 달인이었다. 어떤 사람이라도 웃게 할 뛰어난 감각의 소유자였다. 그것은 개성일 수도 있고 신으로부터 받은 축복이기도 하다. 이선생은 메기의 그런 점이 그녀의 불행을 몰고오는 것은 아닐까 하고 안쓰러워하기도 했다.

이선생은 메기에게 아버지 같은 믿음직한 후견인이 되었다. 기왕 그런 관계라면 그녀의 인생을 안전하고 보람 있고 멋있게 만들어주어야 될 것 같았다. 책임을 진다는 것은 확신이 전제되어야 가능하다. 더구나 남의 운명은 신념의 바탕이 없이는 언급도, 취급도 해서는 안 될 일이다.

　오래 뜸을 들이다가는 모든 것을 놓친다. 메기가 딴마음을 품기 전에 묶어 둘 필요가 있었다. 그날 저녁에 이선생은 메기를 서재로 불렀다. 그의 두 번째 인생 설계를 할 참이었다. 그 길이 메시야 신앙을 지키게 될 것 같았기 때문이다. 메기는 약삭빠른 여성이 아니다. 그녀는 이해력이 뛰어나고 생각이 깊은 여성이다. 이선생은 어디서나 메기를 소개하라면 스스럼없이 훌륭한 여성이라고 말한다. 그녀에게는 분명 평범하지 않은 점이 있었다.

　메기는 지금 이선생이 자신을 불러 놓고 무슨 말을 할지 몹시 의아했다. 짐작으로는 재혼 문제이거나 독신 문제, 둘 중에 하나가 아닐까 생각했다. 그렇다면 차라리 독신을 권해 주는 것이 좋겠다. 독신으로 살라고 한다면 메기는 큰 소리로 "네! 선생님, 그렇게 할께요."라고 쾌답을 할 자신이 있었다. 그런 마음으로 앉아 있자니 다른 생각은 하기 싫었다. 스승과 제자는 편하게 마주 앉았다. 스승은 메기에게 먼저 뜻을 타진했다. "너는 어떻게 살고 싶은지 말해 보라. 그러면 내가 어떻게 도와야 될지 생각을 해 보마."라고 했다.

　메기의 대답은 의외였다. 한 번 실패를 했으니 앞으로 일은 선생님의 뜻대로 따르겠다고 대답했다. 참으로 기특한 생각을 하고 있는 것 같아서 마음이 놓였다. 너는 아직 나이가 어리니 재혼을 해야 할 거라고 했다. 메기는 그것도 선생님이 시키는 대로 하겠다고 하였다. 말로만 그러는 것 같지 않았다. 그 말 속에 진심이 가득 들어 있는 것을 느낄 수 있었다. 이런 훌륭한 여성이 자기 제자라니 감사가 절로 나왔다.

스승은 두 가지를 가르쳐 주겠다고 약속했다. 첫째는 신앙이었다. 당시 사마리아에는 전통적 신앙과 미래적 신앙 두 흐름이 있었다. 전통적 신앙은 유대인을 의식한 율법 수호가 특징이었다. 미래적 신앙은 메시야 대망을 주장하면서 생활 개선을 실천하는 것이었다. 행위가 없는 신앙보다 선한 생활을 많이 강조했다. 메기의 메시야가 오시면 모든 것이 해결된다는 신앙은 이선생의 영향이 컸던 것이다. 메기의 신앙은 메시야 대망에 흠뻑 젖어 있었다. 그래서 끊임없이 선행에 충실했다.

한 가지 남은 것은 자신의 인생 설계였다. 결혼은 일단 하는 것을 전제하기로 했다. 그렇게 하지 않고 결혼과 독신 사이에서 갈등하는 것은 인생을 복잡하게 만든다. 메기는 결혼을 했던 기혼자다. 혼자 산다고 독신녀가 아니다. 그러니까 재혼을 하는 것이 정도를 가는 것이고 순리라는 것이다. 아기를 낳지 못한 것이지 결혼을 실패한 것이 결코 아니었다. 그리하여 스승은 제자와 함께 미래를 위한 새로운 기초 공사를 어렵고 힘들게 끝냈다. 마음 약한 제자를 위해 계약을 맺기로 결정했다.

계약 1조는 결혼을 하되 당사자가 배우자를 선택하지 않는다는 것이다. 스승이 골라 준 사람을 배우자로 삼는다. 그 이유는 자기 눈을 믿고 인생을 설계하는 것 자체가 불합리하기 때문이다. 성경에 명시하기를 사람들이 자기 눈에 좋은 대로 한 까닭에 하나님의 대노가 임했다. 이 선생은 단지 그녀의 멘토로서 조언을 하는 입장이 아니었다. 단지 생활을 지도하는 카운셀러도 아니었다. 스승은 제자의 전적 신뢰를 받는다. 제자는 스승을 믿고 일어날 모든 것을 신앙으로 결정한다.

계약 2조는 메시야 신앙을 끝까지 지킨다는 것이다. 그것은 이미 정해진 바였다. 메기는 다른 길로 갈려야 갈 수 없게 된 메시야 신앙의 중심 멤버였다. 이것으로 대화는 끝이 났다. 메기는 마음이 한없이 홀가분했다. 살아갈 걱정도 없고 누구를 만나게 될지 그런 걱정도 할 필요가 없게 되었다. 이선생이 죽으라면 죽을 수도 있었다. 그런 믿음은 확신을 담보한 거룩한 모험이었다.

어느덧 메기가 자유인이 된 지 여섯 달이 지났다. 별관에서 일만 시키려는 욕심은 아니었다. 일을 돕는 손이 아무리 부족해도 마냥 붙들어 놓을 생각은 없었다. 이선생의 마당발 소문은 일찍부터 유명했다. 메기의 새 남편을 골라 주겠다던 말을 책임질 때가 된 것 같았다. 당장 번지르한 혼례를 치르기는 때가 별로 좋지 않았다. 궁리 끝에 메기를 다시 불렀다. 이제는 재혼을 하는 것이 좋지 않겠느냐고 했더니 고개를 끄덕였다.

소문이 나지 않게 조용히 당사자끼리 마주 앉아서 이선생이 주례를 서면 될 것 같았다. 그것도 당연하게 여겼다. 그런데 메기는 결혼 상대자가 누구냐고 묻지 않았다. 그걸 모르는 신부의 마음이 어떨까 싶다. 메기도 스승이 자기에게 신랑을 소개하지 않는 그 마음이 어떨까 생각해 보았다. 그 순간 조금 창피한 웃음이 절로 났다. 그러나 그것은 창피할 일이 아니었다. 그 스승에 그 제자라고 철없는 아이들의 소꿉놀이 같이 쉽고 편하기만 했다. 인생을 구태어 어렵게 산다고 잘사는 것도 아니다.

2

새 남편이 될 그 남성도 역시 미리 맞선을 보겠다고 나서지 않았다. 어떤 여성인지 한 번 인사라도 하고 싶다고 해도 될 사이였다. 서로가 신뢰를 할수록 그렇게 했어야 옳았다. 자기에게는 배우자가 될 상대를 볼 생각이 없어도 자기를 보여 줘야 할 의무는 지키는 것이 순리였다. 양편이 모두 이선생을 귀찮게 하지 않으려고 그렇게 한 것 같았다. 사실 그 정도는 말을 하고 진행을 해도 아무 잘못이 아니었다. 그러나 무엇보다 신뢰를 중요하게 생각하는 그들은 스승에게 아무런 이의도 제기하지 않았다.

메기도 마찬가지였다. 미리 보는 것이 꼭 필요한 일 같지는 않았다. 사전에 생각만 단단히 해 둔다면 결혼식 당일에 보는 것도 상당한 신선미가 있지 않을까 싶었다. 그렇게 할 만한 자신감을 가진 메기는 훗날 메시야를 만났을 때 그 효과를 백 프로 획득했다.

이선생의 결혼식 제안은 메기에게 쉽게 납득이 되었다. 정한 날에 선생이 신부를 데리고 신랑의 집으로 가서 예식을 치르자고 했다. 이유를 묻는 것은 선생의 뜻을 믿지 못하는 것으로 오해될 수 있기에 무조건 따르는 것이 선생을 도와주는 일이라고 메기는 생각했다. 가능한 쉽고 편하게 하나님 앞에서 서약만 하기로 했다. 가족도 하객도 같은 기준에 맞추어서 무리가 없게 초청하면 될 것 같았다.

결혼 소문은 가급적 줄이기로 합의했다. 신부가 신랑의 얼굴도 모르고 찾아가는 모습은 좀 쑥스러운 일이었다. 그런데 신부가 선생을 위로하듯이 자기는 기혼자이고 신랑은 총각이니까 신부가 가서 뵙는 것이 당연하다고 했다.

메기는 두 번째 남편을 만난다는 것이 조금도 불안하지 않았다. 오히려 아기를 낳지 못한 죄인의 몸으로 압박을 받던 자신이 해방을 보장받는 의식에 참례하는 기분이었다. 남편이 어떤 사람인 것은 별로 중요하지 않았다. 훌륭하다면 기대어 살면 될 것이다. 조금 부족하면 보태어 주면 될 것이다. 돈이 많으면 많은 대로, 가난하면 가난한 대로 살면 될 것이다.

무슨 일이든지 걱정을 미리 하는 것은 바보 짓이라는 생활 철학이 확실한 메기였다. 필요 없는 걱정을 필요 이상으로 부풀려서 짜증내는 인생은 메기의 인생관이 아니었다. 인연은 우연인가 필연인가. 그런 생각을 하면서 말없이 앞서 가는 선생의 뒤만 따르고 있었다.

오늘 처음 만나는 남편은 왜 여태 장가를 미룬 것일까 궁금하기는 했다. 총각과 이혼녀가 재혼을 하는 날 입방아를 찧고 싶은 악녀들은 아무도 없었다. 대다수의 사람들은 그녀의 소식을 모르고 있었기 때문이다. 그리고 메기의 결혼 소식을 아는 소수의 지인들은 환영하는 우군이었다. 규모는 작을 테지만 초라한 결혼은 아니었다. 신부를 비단으로 감싸기는 했으나, 메기는 여전히 매력적이었다. 나이도 어렸고 타고난 여성미는 좀처럼 감춰지지 않았다.

평소에 이선생은 제자들에게 십일조라는 단어를 주입시키려고 무척 노력하였다. 소득의 십일조가 아니라 언행의 십일조였다. 이스라엘 민족에게는 십일조 정신이 필수였다. 그런 철저한 신앙 정신을 생활 신조에도 도입하려 했다. 말 한 마디와 열 번의 행동이라는 뜻이다. 그런 법칙을 생활 신조로 삼으라고 늘 강조했다. 실천 없는 말에는 가치를 부여하지 않았다. 그런 탓으로 스승은 항상 과묵한 편이었다. 그러므로 스승의 한 마디 말에 제자들은 큰 의미를 터득했으며 큰 감동을 받았다.

스승과 메기 두 사람은 아무 말도 없이 목적지에 이르렀다. 말은 없었으나 많은 생각들을 서로 나누면서 걷고 있었다. 메기는 신랑에 대해 별로 아는 것이 없었다. 들은 것이 없었기 때문에 알려고 하지도 않았다. 말을 해주지 않았다는 것이 곧 말이다. 좋은 점은 살아가면서 금방 발견하게 된다. 새롭게 알아갈 때마다 행복해진다. 좋지 못한 점은 미리 알아 둘 필요가 없다. 궁금한 것은 나쁜 것이 아니라 흥미이다. 스승과 제자는 발걸음 발걸음마다 또박또박 마음을 주거니 받거니 하면서 마을에 들어섰다.

고요한 작은 마을은 누가 오고 가는지 아무 관심도 없는 듯 적막했다. 마치 빈 동네 같은 외로움이 서려 있었다. 신랑의 집 앞에는 깨끗하게 손질을 한 정성이 가득 남아 있었다. 마중 나온 주인은 보이지 않았다. 그러나 서운하지는 않았다. 아마도 조용하게 일을 치를 생각으로 미리 단속을 한 것 같은 짐작이 되었다. 집 안에 들어서자 신랑과 노모가 나란히 나와 반갑게 인사를 했다. 마치 오래전부터 알고 지내던 사람처럼 어색한 데가 없었다. 아마도 이선생의 신뢰 덕인 것 같았다. 메기도 스스럼없이 답례를 하고 안으로 들어갔다. 남편될 신랑은 깨끗한 차림에 총각 냄새를 물씬 풍기는 수줍은 청년이었다. 여성을 슬며시 곁눈질하며 바라보는 눈빛에는 두려워하는 기색이 역력했다. 메기에게는 그런 순박한 모습이 오히려 편하고 정감있게 느껴졌다. 인연은 정으로 가늠한다는 어른들의 말을 들은 적이 있다. 사람과 사람이 처음 만났을 때 마음에 정이 느껴지면 인연이라고 했다. 그렇다면 오늘 메기는 인연을 제대로 만난 것이 틀림없다.

신랑은 신부보다 열 살이나 많은데도 어른 티가 전혀 나지 않았다. 기혼자와 미혼자의 차이가 아니라, 결혼이란 여성의 날이기 때문에 남성은 여성 앞에서 기가 조금 죽는 것이 정상이다. 그런 자세가 여성을 배려하는 예의다. 따지고 보면 사람이 성인이 되는 것에는 결혼이 결정적인 영향을 끼친다. 여성이 남성을 만나서 어른이 된다기보다 남성이 여성을 만나서 어른이 된다는 것이 옳은 표현이다. 그 이유는 여성은 혼자 늙어도 여성 그대로인데 비해 남성은 혼자 늙으면 남성답지 않기 때문이다.

예식은 메시야 고사(告辭)로 시작했다. 이선생은 무슨 의식이든지 그렇게 시작했다. '메시야 고사'를 '메시야 찬가'로 부를 때도 있다.

'그가 찔림은 우리의 허물을 인함이요. 그가 상함은 우리의 죄악을 인함이라. 그가 징계를 받음으로 우리가 평화를 누리고, 그가 채찍에 맞음으로 우리가 나음을 입었도다. 우리는 다 양 같아서, 그릇 행하여 각기 제 길로 갔거늘, 여호와께서는 우리 무리의 죄악을 그에게 담당시키셨도다.' 회당 입구에는 이 성구가 돌판에 새겨져 있었다. 어른 아이 할 것 없이 누구나 이 고사를 외우고 있다.

식순은 부부서약과 주례사 기도가 전부였다. 식이 끝이 난 후 식탁에 둘러 앉았다. 신랑 신부를 가운데 앉혔다. 보기에도 행복하게 잘 살 것 같은 희망이 밝게 빛났다. 제발 메기의 앞날이 오늘처럼 계속되기를 빌었다. 이선생은 다음날 회당으로 돌아갔다.

노모의 얼굴에서 흘러나는 안도의 미소가 온 집안에 가득했다. 혼기를 놓치고 영영 혼자서 살 수밖에 없는 아들이 마침내 어머니 앞에서 혼례를 치렀다. 그동안 남 모르게 아들보다 어머니가 더 많이 아파했다. 죽어도 여한이 없겠다던 아들의 결혼식을 보게 되었으니 바랄 것이 아무것도 없었다. 꿈에도 상상 못한 며느리를 보고 있으려니 이것이 진정 생시가 맞는가 싶었다.

흠 있는 이혼녀라고 얼핏 들었는데, 직접 보니 어찌 내 복에 이다지도 큰 행운이 들어왔는지 믿기지 않았다. 며느리가 얼마나 어여쁘고 귀여운 천사 같은지, 누가 바라보는 것조차 아까울 지경이었다. 새 식구가 생겨서 식구가 셋으로 늘었다. 셋 중에 둘은 제자리에 있는 옛 사람이고 한 사람은 들어온 사람, 즉 새 사람이다. 얼마 만에 새 식구가 한 집에서 살게 됐는지 해를 가늠하기조차 민망하다.

메기는 딴 세상을 만났다. 모든 것이 낯설었다. 서로 익숙해질 때까지 적응 기간을 잘 넘겨야 될 것 같았다. 메기는 매사에 조심 또 조심하려고 노력했다. 한 번 결혼해서 살아 봤다는 것은 경험이 아니라 흠이라는 것도 알고 있었다. 그렇기 때문에 어떤 일도 아는 척하려고 하지 않았다.

짧은 결혼 생활을 하는 동안 인생을 조금 배운 것이다. 자기 혼자서 깨달은 것이지만, 사람에게 가장 소중한 것은 떳떳하다는 것이었다. 집에서나 밖에서나 혼자이거나 함께이거나 떳떳할 수만 있다면 사는 것은 어렵지 않다. 떳떳한 것은 무엇을 잘했을 때 받는 보상과는 다르다. 떳떳한 것은 마음가짐이다. 형과 아우가 놀이를 하고 있다. 그 둘 중에서 누가 이김으로 떳떳하게 되는 것이 아니다. 그런 경우는 아우가 떳떳한 쪽이 된다. 형은 찜찜한 쪽이다. 왜냐하면 동생은 잃을 것이 없기 때문이다. 이길 필요도 없고 진다고 해도 아무 상관이 없다. 그래서 동생은 떳떳하다. 반대로 형은 동생에게 이겨도 싱

겁고 진다면 부끄럽다. 인생도 마찬가지다. 동생처럼 사는 것, 즉 모든 사람을 자기보다 한 치라도 위라고 보는 것이 가장 살 만한 비법이다. 메기는 지금부터 두 분을 뫼시기만 하면 된다. 그래서 떳떳한 것이다.

며칠이 지나면서 참 재미있는 삶을 경험했다. 아침에 만나면 식구끼리는 아침 인사를 건넨다. 노모가 먼저 며느리의 손을 잡고 웃음을 짓는다. 많은 이야기가 들어 있는 얼굴이다. 그리고 며느리의 허리를 한번 껴안아 준다. 그리고 나서 또 한 번 웃는다. 그것도 역시 뜻이 있는 넉넉한 표정이다. 별 말이 없어도 궁금한 것이 없다. 말이 없는데 마음이 편하고 기분이 상쾌한 이유는 설명하기 어렵다. 침묵이 금이라는 말이 왜 생겼는지 메기도 알 것 같았다.

A가 말을 하지 않아도 될 만하다면 B는 들으려고 할 필요가 없다. 그 둘에겐 공통분모가 분명히 있다. 그것이 행복의 씨앗이다. C가 말을 왜 해주지 않느냐고 D에게 시비를 거는가 하면 D편에서는 C에게 말을 왜 그 따위로밖에 못하느냐고 악을 쓰며 대든다. 그 둘의 사이에도 공통분모가 있다. 그 공통분모는 신뢰다. 말을 한다고 말이 되는 것이 아니고 말을 들었다고 말이 맞는 것이 아니다. 밥을 그릇에 담아 주면 밥이다. 밥을 땅에 쏟아 놓으면 쓰레기다. 밥을 어디에 담는가 말을 어디에 담는가 그것이 삶의 멋이다. 그 그릇이 사람의 마음이다. 마음에 무엇이 담겨 있는가에 따라 삶이 결정된다.

가정의 신뢰가 가족들을 신나게 한다. 가정의 불신이 가족들을 화나게 한다. 간혹 가족 간의 대화를 문제 삼는 것을 볼 때가 있다. 참 안타깝다는 생각이 든다. 가족끼리 대화로 문제를 풀어가는 것은 성숙도가 낮은 가정이다. 가정은 신뢰로 구성된다. 첫째는 부부간의 신뢰다. 둘째는 부모와 자식 간의 신뢰다. 서로 묻고 답하고 이야기하고 들어주고 제각기 생각을 정리하는 자유가 보장되는 가정이 진정한 가정이다. 가족들이 의견을 내어 토론을 거쳐서 적당한 해결책을 도출하는 것은 조직사회의 방식이다. 가정은 마냥 자유롭게 이야기를 하여 모든 것을 푸는 곳이다.

몇 달이 지나서야 남편과 농담을 스스럼없이 하게 되었다. 생활에 아무 불편한 것이 없어서 메기의 가정에서의 역할이 애매할 때가 있었다. 처음 만난 시집에서는 오직 아기만 낳으라는 부탁과 명령뿐이었다. 하지만 지금은 아무것도 바라는 것이 없다. 이런 식으로 오래 살기란 무의미할 것 같았다. 언제쯤 입양이라도 생각해 봐야 될 것이 아닌가 싶었다.

그런 생각을 할 즈음에 소식도 없이 이선생이 방문을 했다. 제자들의 사정을 알고 찾아오는 족집게 같은 감각에 놀랄 따름이다. 그동안 많은 생각을 했을 것이다. 결혼 후에 한동안은 별 문제가 없을 줄 알았지만 지금쯤 무슨 변화를 갈망할 것이라는 계산을 한 것 같았다. 메기는 선생의 얼굴에서 약간의 그늘을 보았다. 필경 회당의 일은 아닐 것이다. 그렇다면 이 집에 무슨 볼일이 있는 것이 틀림없다.

무슨 소식을 가지고 찾아온 것인지 그렇다면 희소식은 아닐 것이라 생각했다. 메기의 예감은 빗나가지 않았다. 이선생은 그동안 있었던 일을 소상하게 이야기해 보라고 했다. 메기는 선생이 무슨 이야기를 듣고 싶어 하는지 전혀 감이 잡히지 않았다. 결혼한 지 오래지 않아서 있는 그대로 이런저런 이야기들을 두서없이 고했다. 선생은 그런 것 말고 다른 것은 없느냐고 했지만 드릴 만한 보고 자료가 별로 없었다. 부부 사이에 대해서도 드릴 말이 생각나지 않았다.

잠시 쉬었다가 다시 이야기를 시작했다. 메기의 이야기가 끝이 난 것을 알고 선생이 질문을 했다. 남편의 건강에 아무 이상이 없었느냐고 물었다. 그 순간 메기는 자기 남편에게 무슨 결함이 있다는 것을 직감했다. 선생이 감추고 있는 그 병이 어떤 것인지 알려 주려는 의도 같았다. 물론 좋은 기분은 아니지만 남편의 건강에 문제가 있다 해도 문제될 것은 없었다.

아무 일도 없기를 바랐지만 무슨 일이 있을까 걱정했던 적은 없었다. 약간의 문제가 있는 것은 오히려 편하다. 그것이 메기가 그 집에 있어야 할 명분이기 때문이다. 그 일이 마음에 걸려서 선생은 얼마나 많은 고민을 하고 걸음을 했을까 싶었다. 메기를 기다리고 있었던 이유, 메기를 만나게 된 그 이유를 이제야 말해 주려는 스승의 고뇌를 메기는 감싸 주고 싶었다. 지금 큰 숙제가 한 가지 풀려지는 순간이었다. 그런데 이선생이 걱정하는 일은 일어나지 않았다. 신랑은 그동안 아무 병세도 나타내지 않았다. 결혼을 해서 병세가 호전이 된 것은 아닐까 싶기도 했다.

이선생은 아주 조심스럽게 이런 질문을 했다. 혹시 신랑이 자기 혼자만 있고 싶다고 접근을 삼가 달라는 적은 없었느냐고 물었다. 메기는 한참 생각에 잠긴 듯하더니 그런 적이 있었다고 대답했다. 선생은 그 시간이 얼마나 길었느냐고 물었다. 무엇을 더 확인해 보려고 하는 것 같았다. 메기의 짐작으로는 한 시간 정도 지나서 밖으로 나온 것 같다고 했다. 그때 얼굴빛을 보았느냐고 했으나 별 이상은 없었던 것 같았다고 답했다. 메기는 자기가 짊어지고 갈 짐이 남편의 이상한 병이라는 답을 얻어 내었다. 이미 각오한 바가 있으니 당황할 것은 없었다.

남편이 혼자 있겠다는 그 시간은 병과의 싸움이 벌어지는 시간이다. 그 병은 치료가 불가능하다. 온 몸에 경련이 일어나는 질병이다. 언제 발작이 일어날지 자신도 모른다. 하지만 그런 기미가 일어나기 직전에 본인이 감지하는 것이 있는 모양이다. 그 순간에 방문을 잠그고 혼자서 진통과 투쟁을 벌이는 병이다. 아무도 도와줄 수 없다. 워낙 경련이 험악하여 귀신병이라는 병명이 생긴 것 같다. 아무도 감당을 하지 못하는 병이다.

발작의 조짐을 본인이 느끼는 그 순간을 긴박하게 대처하지 못하면 사람이 기절하여 뻗어 버린다. 그 험악한 장면은 누구도 봐서는 안 된다. 부부 사이라도 차마 보여 주기 싫은 참상이다. 이미 남편이 메기에게 그 꼴을 못 보게 조치를 한 것을 선생은 알게 되었다. 그러나 더는 속일 일이 아니었다.

결혼 전에 미리 말하지 않았던 이유를 메기는 모두 이해하고 있었다. 그런 병자가 자식을 바랄 수는 없는 일이었다. 그런 처지에서 메기를 아내로 맞은 것은 큰 행운이었다. 그러나 그런 불행을 제자에게 떠맡기는 것이 선생으로서는 가슴이 아픈 일이었다. 그러나 메기의 생각은 달랐다. 자기가 그런 일을 선택한 것이라고 아무렇지 않게 생각했다. 그 사람을 선택할 때 그 병도 포함되어 있었다는 것이다.

누군가에게 그렇게 도움이 되어야 하는 곳에 자기가 있다는 것은 결코 부끄럽지 않았다. 그런 사람과 함께 산다는 보람도 행복이라고 생각했다. 선생은 마음이 놓여서 하룻밤 쉬어 가겠다고 했다. 세 사람은 밤이 깊도록 재미나게 이야기꽃을 피우면서 우정을 나누었다. 사랑은 남녀의 것이 아니라 인간의 것이다. 사랑은 인간의 행위가 아니라 마음을 나누는 태도일 것이다.

이선생이 다녀간 후에 온 집안은 활기로 넘쳤다. 아무 까닭도 없이 즐겁고 웃음이 절로 나는 색다른 분위기였다. 식구는 세 식구 그대로인데도 뭔가 달라진 느낌이 들었다. 아마도 남편의 의혹이 벗겨진 탓일 것이다. 남편이 자기 치부를 숨겨 오던 것을 메기에게 털어놓도록 이선생과 남편 사이에 모종의 합의가 있지 않았을까 싶다. 언제라도 밝혀야 될 일을 너무 오래 숨겼다가는 탄로가 날 위험 부담이 있다. 때를 기다리던 남편이 적시라고 판단한 날을 잡아서 이선생을 메기 몰래 불러들인 것이 아니었나 싶다.

그러던 어느날 갑작스럽게 집 안에 경보가 울렸다. 남편이 세차게 문닫는 소리가 들렸다. 그리고 접근하지 말라는 다급한 소리가 이어져 들렸다. 시어머니는 즉시 자기방으로 들어갔다. 메기는 처음 겪는 일이었다. 그동안 어머니가 방에 들어가 기도하는 것을 메기는 알지 못했다. 자기 아들을 괴롭히는 못된 귀신을 몰아내 달라고 기도를 드리는 것이 어머니가 할 수 있는 일의 전부였다.

그날 따라 발작의 강도가 전보다 맹렬했다. 그 당시 사람들은 귀신이 그런 발작을 일으킨다고 생각했다. 몹시 거칠게 발작하는 증세가 꽤 오래 계속되었다. 차츰 진동소리가 약해지는 것 같더니 얼마 후에 조용하게 끝이 났다. 메기는 시어머니께 가서 남편의 몸을 좀 돌봐 주겠다고 아뢨다. 하지만 시어머니는 오늘은 너무 심하게 싸운 것 같으니 회복 시간이 길 거라고 좀 더 기다리자고 했다.

시어머니는 저럴 때는 가만히 놔두고 쉬게 하는 것이 가장 좋은 처방이라고 했으나, 메기는 두렵고 초조했다. 어느 정도 시간이 지났을 때 다시 시어머니께 자기가 한번 들어가서 지친 몸을 돌봐 주고 싶다고 졸랐다. 시어머니는 며느리의 정성은 고맙지만 아들의 몰골이 워낙 험하게 일그러져 있을 것 같으니 조금 더 잠을 자고 난 다음에 들어가도 된다고 했다.

방문을 안에서 잠궜기 때문에 마음대로 열 수가 없다. 충분히 잠을 잤을 것 같은데도 남편은 나올 생각을 하지 않았다. 다시 시어머니께 가서 의논을 했다. 전에는 몰랐기 때문에 그냥 있었지만 이제는 남편의 병을 알았으니 주저할 이유가 없었다. 시어머니께 강제로 문을 열어 달라고 떼를 썼다. 곧 문이 열리고 메기가 방 안에 들어섰다.

　마치 전쟁터 같이 온 방이 엉망진창이 되어 있었다. 도대체 무슨 일이 벌어졌기에 이토록 방 안이 난장판이 되었는지 상상이 되지 않았다. 간신히 남편의 팔과 다리를 가지런히 모아 놓고 주변을 정리했다. 잠이 깊이 든 것 같아서 조심조심 정리를 마쳤다. 남편을 안고 밖으로 나가려 했으나 자기 혼자서는 어림도 없었다. 잠을 깨워서 끌고 나갈 수밖에 없었다.

　남편을 놀라게 하지 않으려고 가만 가만히 흔들어 깨웠다. 하지만 아무리 흔들어도 팔다리가 제멋대로 흔들거리기만 할 뿐이었다. 다급하게 시어머니의 지원을 요청했다. 시어머니가 들어와서 아들의 이름을 크게 부르면서 일어나라고 호통을 쳤다. 평소에 그렇게 깨우곤 했던 솜씨같이 느꼈다. 그런데도 아들은 꼼짝하지 않았다.

　그러자 어머니가 아들의 얼굴을 어루만지면서 울먹이기 시작했다. '그 길고 긴 싸움에도 잘 버티더니 이렇게 결국 떠나는구나'라고 중얼거렸다. 참 오래도 살았다면서 이미 죽었을 아들이 오늘까지 살아남은 것도 장하다고 아들을 위로했다. 아들의 죽음을 조금도 비관하지 않았다. 지금까지 살아 준 것도 효도라며 잠자듯 눈을 감고 있는 아들의 얼굴을 쓰다듬었다.

　어머니 생전에 꼭 장가를 가서, 어머니의 면목을 세워 드릴 것이라고 하던 아들이 그 소원을 성취했음을 대견하게 생각했다. 메기는 시어머니의 한 맺힌 한마디 한마디가 가슴에 파고 들었다. 시어머니가 왜 불임 며느리를 좋아했는지도 알 것 같았다. 자기 자식이 아비의 병을 타고 날까 봐 결혼은 하되 자식만은 낳지 않겠다는 아들의 결심을 들었기 때문이었다.

메기는 남편이 정말 죽었느냐고 또다시 물었다. 시어머니는 며느리 앞에서 눈물을 보이지 않으려고 애를 썼는데 그 모습이 더욱 애절했다. 시집온 지 일 년도 되지 않았으니 속아서 결혼했다는 오해를 받을까 봐 얼굴이 뜨거웠다. 메기는 죽은 남편에 대한 연민보다 시어머니를 보는 것이 더욱 슬프고 기가 막혔다.

메기는 시어머니께 아들이 혹시 깨어날지도 모르니 아무에게도 아들이 죽은 소문을 내지 말자고 말했다. 메기는 남편 곁에서 함께 싸워 주지 못한 책임감이 마음을 짓누르고 있었다. 남편의 병을 알지도 못한 채 결혼을 했으니 그것만으로도 아내의 자격이 없었다. 그런 죄책이 치밀어 올라서 미치도록 화가 나고 창피했다.

이선생이야 남편의 자존심을 상하게 하지 않으려고 했다손 쳐도, 이미 그의 아내가 되었는데도 알아서 살피지 못한 것은 무책임한 것이 틀림없었다. 사태를 수습하기 위해서 이선생을 만나야 될 것 같았다. 아무도 알지 못하게 이선생에게 달려갔다. 갑자기 들이닥친 메기의 표정을 보자마자 이선생은 그 집에 무슨 변고가 있었다는 것을 알아차렸다. 아무 말도 하지 않고 메기를 앞세우고 그 집으로 달려갔다.

그 병이 무서운 것은 불규칙한 발작 때문이다. 빈도가 불규칙한 것은 물론 발작의 강도가 번번이 다르게 나타난다는 것이 무섭기가 이를 데 없다. 얌전하게 올 때는 이불 속에서 잠시 끙끙거리다가 툴툴 털고 나와서 아무 일도 없었다는 표정을 짓는다.

이선생은 그런 사람과 수년간 학당에서 함께 생활한 경험이 있다. 그런 사람이 결혼을 하면 여성의 영향으로 병이 호전된다는 설도 있다. 그러나 그 반대로 신체 균형이 언밸런스가 되기 때문에 더 위험하다는 설도 있다. 그러나 확실한 정보라고 믿지 않았기 때문에 결혼을 권했던 것이다. 이런 사고가 결혼 때문에 일어난 것 같지는 않았다. 그러나 이렇게 빨리 무슨 변이 일어날 줄은 정말 몰랐다.

이선생은 좀처럼 당황하지 않는다. 그리고 서둘지도 않는다. 그리고 또 고민을 하지도 않는다. 닥치는 일은 처리하기에 따라서 그 일의 명암이 결정된다고 믿는 철학을 가지고 사는 위인이다. 무슨 어려운 일이든지 경중이 없다. 그런 것은 어떻게 해결을 하는가에 달렸다고 생각했다. 메기는 그런 스승에게 배운 것이 많았다.

이선생은 집에 도착하자마자 곧 시신을 자기 손으로 직접 거두었다. 시신을 천천히 살피기 시작했다. 어떻게 죽었는지 그것만은 알아 두어야 한다. 물 수건으로 얼굴을 닦고 나서 입을 벌려 보았다. 심장마비를 일으킨 것 같았다. 간혹 발작이 과격하여 견딜 수가 없을 때는 환자가 자기도 모르게 머리를 땅에 부딪쳐서 뇌진탕으로 사망하기도 한다고 했다. 그리고 또 다른 경우는 극렬한 고통을 이겨 보려고 자기의 혀를 깨물 수도 있다. 그때 혀를 아주 많이 깨물게 되면 자살로 진단을 내릴 수도 있다고 했다. 다행히 메기의 남편은 입 언저리가 깨끗했다. 머리의 외상도 눈에 띄지 않았다. 그럴 경우는 심장이 갑자기 멎은 것으로 본다.

이선생은 환자가 평소에 즐겨 입던 옷으로 온 몸을 감쌌다. 밤이 깊어가는 동안 아무도 말을 하지 않았다. 드디어 자정이 넘을 무렵에 이선생은 시신을 등에 업고 밖으로 나갔다. 아무도 따라오지 못하게 하고 혼자서 어디론가로 나가 버렸다. 새벽녘에서야 선생은 돌아왔다. 몹쓸병으로 죽은 시신은 장례식을 치르지 않는 풍습이 있다. 전쟁을 자주 겪었던 그 땅에는 전사자들의 시체를 내다버리는 동굴이 있다. 아무도 가까이 가지 않는 오지를 아는 사람은 별로 없다. 이선생은 모르는 것이 없는 탁월한 분이시다.

해가 솟아오를 때 선생은 시어머니와 메기를 불러 앉혔다. 동네 사람들은 그 집 사정을 다 알고 있었다. 아들이 보이지 않아도 묻는 사람은 없을 것이다. 그런 환자들에게는 주민들의 박대가 불가피했다. 이웃들도 쫓아낼 수는 없으니 제발 사라져 주기를 바랐을 것이다.

선생은 곧 메기를 데리고 가겠다고 어머니께 통고를 했다. 메기가 보이지 않으면 부부가 어디로 살림이 난 줄 알 것이다. 그러면 아무도 의심을 하지 않는다. 어머니도 편하고 메기도 편하고 모두가 좋은 길을 제시했다. 남편 없는 시댁에 고부끼리 살아가기는 어렵다. 가야 할 사람은 가는 것이 좋은 일이다. 이선생의 말에 시어머니도 메기도 전적으로 동의했다.

작별도 간략하게 끝내고 선생은 메기를 데리고 그 집을 나섰다.

동네 끝에서 뒤를 돌아보던 메기가 발걸음을 멈췄다. 이선생은 길을 재촉했다. 그러나 메기는 마음이 흔들렸다. 다시 시댁으로 돌아가서 며칠 더 지내다가 가겠다고 했다. 이선생을 설득하여 먼저 회당으로 가라고 떠밀어 보냈다. 그리고 그 길로 돌아서서 다시 시댁으로 들어갔다. 텅 빈 집에 혼자 앉아 넋을 잃고 있는 시어머니를 보는 순간 자기도 모르게 통곡이 터졌다.

시어머니는 어떻게 돌아온 것이냐고 말을 하려는데 눈물이 앞을 가려 말을 못하게 막았다. 메기는 아무 말도 않고 남편의 방을 닦고 쓸고 깨끗하게 손을 봤다. 시어머니는 주인도 없는 방을 뭣 하러 그렇게 치우느냐고 했다. 메기는 오늘 밤에 이 방에서 자고 가려고 그런다고 했다. 시어머니는 너 혼자서 어떻게 자려 하느냐고 말렸다. 메기는 제가 왜 혼자냐고 대꾸했다. 시어머니는 남편이 죽었으니 저 혼자일 텐데 쟤가 왜 저럴까 싶었다. 측은한 생각이 들자 목이 더욱 메어 엎드려 엉엉 울고 말았다.

무언가 잘못 돌아가는 것 같아서 며느리를 자세히 바라보았다. 메기는 왜 저를 그렇게 뚫어지게 보십니까라고 멀쩡한 얼굴로 말을 했다. 시어머니는 다시 말했다. 네가 혼자 자는 것이 아니라 했잖느냐고 물었다. 그제서야 메기는 이 집 어머니는 어디로 가셨느냐고 되물었다. 시어머니는 또 눈물이 왈칵 쏟아졌다. 저 어린 것이 시어머니가 불쌍해서 하룻밤을 같이 자고 가겠다고 온 것을 알았기 때문이다. 그런 애틋한 정을 생각하니 기가 막혀 눈물이 쏟아진 것이다.

그날 밤 어머니는 자기 아들의 방에서, 메기는 자기 남편의 방에서 고부간에 처음으로 함께 잠을 잤다. 얼마 전에 아들에게 신방을 차려 줬던 추억이 남아 있는 방이었다. 갑자기 슬픔도 잊고 두 여성은 모녀처럼 장난끼가 동시에 발동했다. 메기는 제 남편을 먹여서 키워 준 엄마의 젖가슴을 좀 봐야 되겠다고 시어머니의 옷고름을 잡아당겼다. 그러자 시어머니는 몸을 도사리며 반항을 했다. 내 아들의 총각을 홀랑 다 빼앗은 네 가슴부터 구경 좀 해야 되겠다고 며느리의 옷고름을 더듬고 있었다. 그렇게 두 여성은 슬픔을 애써 잊으며 싸움을 하고 놀았다.

메기가 그 집에 남아서 해줄 수 있는 일은 아무것도 없었다. 그래서 회당으로 가려고 이선생을 따라 나섰던 것이다. 그러나 그 길로 가면 자기는 영영 시어머니를 다시 볼 수 없을 것 같았다. 그 노인은 지금까지 자식 하나 보고 평생을 살았다. 이젠 그 자식조차 없는데 어떻게 살아갈지를 생각하니 가여워서 갈 수가 없었다. 이대로 헤어지는 것은 사람의 도리가 아니라고 생각됐다. 노인의 꽁꽁 얼어 붙은 마음이라도 풀어 놓고 갈 생각을 하고 돌아섰던 것이다. 메기는 지금 그 난방 공사를 하고 있는 중이다. 생각보다 제법 잘 되고 있는 것 같다.

노인에게 웃음을 찾아주고 싶었다. 세상 사람은 누구나 웃고 싶어 한다. 그러려면 웃을 일이 있어서 웃기보다 웃을 일을 만들면 된다. 지금 두 과부가 옷고름 싸움을 하는 것이 그런 것이다. 간지럽게 싸우다가 메기가 먼저 어머니 가슴을 파고 들었다. 그리고 힘껏 노인의 빈가슴을 끌어 안았다. 그리고 한참 있다가는 메기가 이제 어머니 차례라고 자기 가슴을 내밀었다. 그러자 시어머니는 아서라 네 것은 아니 된다 여태껏 네 자식도 먹여준 적이 없는 것을 내가 어찌 손을 대겠느냐 하시며 곱게 감춰 두기나 하라고 옷고름을 여며 주었다.

다시 자리에 조용히 누웠다. 메기는 시어머니에게 무슨 말이든지 물어 보라고 농을 걸었다. 잠자코 생각하더니 시어머니가 희한한 질문을 했다. 농담 치고는 정말 농담다웠다. 내 아들과 이 방에서 첫날밤을 보낸 적이 있느냐고 물었다. 당연히 '네'라고 대답하면 된다. 하지만 그러면 농담이 재미가 없다. 그래서 메기는 기억이 나지 않는다고 시치미를 뗐다. 그러자 시어머니도 능청을 부리기를 내 아들이 진짜 사내가 맞더냐고 물었다. 정말 농담 수준이 보통이 아니었다. 메기도 질세라 시어머니의 뒤통수를 쳤다. 남자가 아니던걸요라고 응수했다. 그럼 계집이었구먼이라고 맞받았다. 그러자 메기도 그럴 리가요라고 시침을 뗐다. 그런 다음 메기는 남자도 아닌 그 자와 자고 나서 보니 남편이던데요라고 마무리를 했다.

그 길로 한 밤을 잘 지내고 새 아침이 밝았다. 느지막한 시간에 아침을 먹었다. 어제 이선생을 따라 회당으로 돌아가지 않기를 잘한 것 같았다. 메기는 시어머니에게 탈상을 받았으니 이제 가도 되겠느냐고 물었다. 시어머니는 그렇게 하라고 대답했다. 메기는 시어머니와 마주 앉아서 작별식을 연출했다. 지금 가면 다시 만날 기약이 없으니 노인 혼자서 건강하게 살아가는 연습을 시켰다. 메기가 웃거든 어머니도 따라 웃으라고 했다. 그렇게 몇 번을 마주보고 웃는 연습을 했다. 마음이 우울하거든 메기를 생각하고 웃기로 약속하고 그 집을 떠났다.

3

다시 보모 숙소로 돌아왔다. 무슨 일이 있었느냐고 묻는 것을 금기로 여기는 곳이다. 본인이 말을 하면 들으면 되는 것이다. 궁금한 것이 없어야 머리도 마음도 편하다. 걱정도 근심도 없어야 일이 잘 된다. 메기는 일거리를 찾아 나섰다. 손댈 곳이 너무 많아서 다른 생각을 할 겨를이 없었다.

선생도 메기를 위로하지 않았다. 엎드려 사죄를 고해야 될 자기 처지를 알고 있으니 위로 같은 간사한 말을 하기가 부끄러웠다. 메기는 스승의 복잡한 심정을 충분히 느끼고 있었다. 사흘이 되던 날 스승은 별관으로 메기를 찾아왔다. 서로 얼굴을 대하자 편하게 미소를 지었다. 스승은 죄송하다는 표시였고 메기는 나는 괜찮소이다라는 신호였다.

스승은 별관을 한 바퀴 둘러본 후에 회당 쪽으로 건너갔다. 스승이 돌아간 뒤에 책상 위에 작은 책 한 권이 놓여 있었다. 스승이 메기에게 보라는 책이 틀림없다. 책을 손에 드는 순간 온 몸에 전율이 느껴졌다. 표지에 그려져 있는 선명한 글씨 때문이었다. 거기에 급보라는 표기 아래 '메시야 탄생'이라는 큰 글씨가 눈에 들어왔다. 메기는 자기도 모르게 책을 품에 안았다. 이것이 꿈이 아닌 것은 확실했다. 아무 생각도 나지 않고 아무 말도 나오지 않았다. 그리고 아무 까닭도 모를 눈물이 나서 엉엉 소리내어 울기를 시작했다.

남편이 죽었을 때도 메기는 울지 않았다. 남편을 어디로 메고 갔을 때도 메기는 울지 못했다. 울 겨를이 없었거나 울 상황이 아니었던 것 같았다. 시댁을 떠날 때, 시어머니를 혼자 남겨 두고 물러날 때도 울음이 나오지 않았다. 지금은 울어야 할 타이밍이 아니었다. 그런데 왜 자기가 울어야 하는지 자신도 모를 일이었다. 한참 울다가 정신을 가다듬고 책을 손에 들었다. 메시야가 베들레헴에서 태어나셨다는 기사가 또렷하게 눈에 들어왔다.

아기처럼 절로 울음이 터진 것은 감격의 눈물이었다. 메시야가 탄생하셨다는 사실은 메기 인생에서 가장 큰 사건이었다. 그렇게 큰 의미가 있기 때문에 통곡을 한 것이다. 메기가 사랑하는 남편을 잃고 가슴이 찢어지게 아플 때 메시야 탄생 소식이 있었다. 그것은 우연이 아니었다.

이선생은 할 일이 많아졌다. 메시야 탄생으로 로마가 독이 올랐다는 정보가 돌아다녔다. 무슨 일이 벌어질 것 같은 불안한 정국은 극도로 긴장하여 태어난 메시야를 죽이려고 혈안이 되었다.

수색대가 매일 탐색 중이라는 무서운 소식도 들렸다. 이선생의 사무실도 감시 대상에 포함된다는 소문이 있었다. 로마가 예의주시하는 가운데 미묘한 분위기가 조성되었다. 유대 왕은 자기 왕권을 뺏길 날이 올 것을 두려워했다. 자기 자리를 지키려고 메시야를 죽이겠다고 로마에 병력 지원을 요청했다. 로마는 손을 댈 필요가 없었다. 유대 왕 헤롯이 그 악역을 도맡았다. 로마는 배후에서 헤롯을 감시하기만 했다. 메시야를 기다리는 모든 유대인들은 극도로 긴장하여 후폭풍의 소식에만 귀를 기울이고 있었다.

메기는 시간시간마다 기도에 매달렸다. 우리의 희망은 오직 메시야뿐이시니 제발 메시야를 지켜주십사 하고 빌고 또 빌었다. 메기는 그 짧은 세월에 남편 둘을 잃었다. 첫 남편과 헤어진 것은 메기가 불임의 책임을 지고 스스로 물러났기 때문이었다. 그리고 두 번째 남편은 선천적 지병으로 힘겹게 투병 생활을 하다 갑자기 돌아오지 못할 곳으로 저 혼자 떠나버렸다. 이 세상 그 누구도 메기에 대하여 관심이 없었다. 관심을 가진 사람은 오로지 그녀의 아버지뿐이었다. 그러니 메기 자신도 남의 관심 따위로 신경을 쓰거나 시간을 낭비할 필요가 없었다.

4

이선생은 메기와 자주 마주쳤다. 그러나 아무 부담을 주지 않으려고 무척 절제하면서 각자 할 일을 하고 있었다. 다행히 아무 거리낌도 서로 느끼지 않았다. 뜻이 통하는 사이란 그런 관계 같다. 모든 것을 다 말로만 통하는 것은 신뢰와 상관이 없는 사이다. 메기는 굳이 스승을 위로하지 않았다. 스승이 중매를 잘못 서서 생긴 비극이 아니라는 뜻이다.

메기가 어느 날 한가한 틈을 타서 스승의 의향을 타진한 적이 있었다. 자신이 앞으로 어떻게 살았으면 좋겠는가 질문을 던졌다. 스승의 반응은 '글쎄다'라는 한 마디뿐이었다. 메기에게는 그 한 마디면 충분한 응답이었다. '야 이것아, 내가 너만 못하겠느냐'라고 들렸기 때문이다. 비록 너의 결혼 생활이 짧기는 했다. 그러나 떠난 남편에게 너는 큰일을 한 것이 아니더냐. 한 남자의 평생을 행복으로 채워준 네 사랑이 어디 가겠느냐라고 위로와 용기를 주었다. 스승의 '글쎄다'라는 말 속에는 그런 명답이 들어 있었다.

스승은 메기를 잘 알고 있었다. 첫 남편은 오직 자식 낳는 아내를 기대했다. 그것이 불발되자 마음이 흔들렸다. 둘째 남편은 전 남편처럼 생물학적 인연은 아니었다. 여성이자 인간인 제 아내를 전적으로 사랑했다. 아기를 낳는 수단으로 맺어진 사이가 아니었다. 살았던 시간이 길고 짧다는 것은 가치로 환산할 수 없는 것이었다. 메기의 짧은 신혼은 그 남자의 일생이었다. 일생은 수치로 나타낼 수 없는 최대치를 의미한다. 메기에게는 앞으로 몇 사람의 일생을 행복하게 꾸려줄 여유가 있었다. 스승은 그런 미래를 내다보고 있었다.

　남성, 여성이라는 성 개념은 한시적으로 쓰이는 말뿐이다. 인간이 육신을 입고 있는 동안만 性이라는 것이 존재한다. 그때 의미도 있고 가치도 있다. 육신을 벗는 그 순간부터 性은 영원히 소멸된다. 인간은 성(性)으로 태어나고 성을 가지고 무덤으로 들어간다. 거기까지가 성의 한계다. 결혼을 거부하고 혼자서 사는 독신을 깨끗하다고 생각하는 것은 너무 이기적이다. 왜 독신이라야 하는가? 독신의 삶은 의미가 있다. 그러나 그냥 혼자 있는 것은 의미도, 가치도 아니다. 이유가 확실한 독신은 고귀한 희생이다. 아무나 할 수 있는 일은 아니다. 나는 그런 사람을 존경한다. 때로는 부럽기도 하다.

　여성이 여성답게 살아가는 가치는 세상이 규정한다. 자기 혼자서 사는 것을 여성의 높은 의식으로 착각하는 사람이 종종 있다. 그것이 개인의 취향이라면 할 말은 없다. 그러나 한 번뿐인 자기 인생을 보다 효과적으로 활용하는 지혜는 여성의 특권이며 높은 의식이다. 메기는 생리적 남편을 양보하는 미덕으로 여성의 품위를 지킨 셈이다. 여성이 불임이라도 버리라는 법만 있는 것은 아니다. 아브라함의 아내 사라도 불임이었지만 오랫동안 부부로 함께 살았다.

　아무도 남편으로 삼으려고 하지 않던 메기가 두 번째 남편을 만난 것은 위대한 헌신이며 아름다운 사랑이었다. 그 뒤로 메기가 홀로 한 평생을 산다면 하나님이 잘했다고 칭찬하실까? 이선생은 그렇게 생각하는 것을 죄악시했다. 자기가 싫어서 결혼을 하지 않는 것은 당당한 자유다. 그러나 혼자 사는 것이 멋이 있어서 결혼을 하지 않는 것은 기혼자에 대한 실례다. 엄마가 필요한 집에 엄마가 되어 줄 여성이 있다면 얼마나 아름다운 일인가! 이선생은 메기를 그런 위대한 여성으로 살도록 도와주고 싶었다.

자기 가정을 지켜야 할 여성이 자기 가정을 뒤로 하고 남의 불행에 몸을 던지는 것을 용기라고 한다면 그것은 가증하다. 남의 불행을 돕고 싶을 때 최선의 방법을 찾을 줄 아는 사람이 진정으로 자격이 있는 자다. 자선을 허영심으로 하는 것은 부끄러운 짓이다. 이선생의 정신은 가장 현실적이며 신앙적이다. 메기는 점점 그런 스승의 정신을 닮아갔다.

드디어 선생의 발걸음이 빨라졌다. 희소식이 있을 것 같다는 징조다. 메기의 마음이 안정을 찾고 있을 때 스승은 새로운 기별을 가지고 왔다. 이를테면 세 번째 남편을 만나게 된다는 통보였다. 이번에도 역시 불임을 문제 삼지 않는다는 단서가 확실한 상대였다.

당시에는 문둥병 즉 풍토병이 곳곳에 퍼져 있었다. 그 병이 전염병인지 유전병인지 구별은 확실치 않았다. 부모가 문둥병인데도 자식들은 아무 증세가 없는 경우도 많았다. 그런가 하면 어떤 경우는 부모와 자식이 모두 같은 병을 가지고 사는 경우도 있었다. 감염이 어떻게 이뤄지는지에 대해서는 알 근거가 없었다. 하지만 일단 그 병으로 밝혀지면 집을 떠나 격리 생활을 하게 되었다.

병자를 보호하는 시설이 없었기에 민가에서 멀리 떨어진 산기슭이나 토굴 같은 곳에서 집단 생활을 하고 있었다. 보급은 각자의 형편에 따랐으므로 궁색하기 짝이 없었다. 그래서 대다수 환자들은 영양실조로 일찍 사망하는 사례가 많았다. 부부가 함께 집을 떠난 가정의 자식들의 생계는 말할 수 없이 궁핍했다. 그런 가정에서 자란 아이들에게 사회는 등을 돌리고 있었다.

그런 고난을 딛고서도 착실하게 사는 청년들이 있었다. 그러나 한가지만은 해결 점이 없었다. 그것은 혼삿길이 막혀 있다는 비극이었다. 어떤 집에서도 딸을 주겠다는 데가 없었다. 그래서 혼기를 놓친 노총각들이 꽤 많이 있었다.

메기는 아직 젊어서 이선생은 좋은 짝을 찾아 주고 싶었다. 신앙이 좋은 청년 중에서 메기의 배필을 찾았다. 회당과 회당 간의 연락망을 통해서 들어온 정보에 아주 괜찮은 청년의 소식이 있었다. 이선생이 먼저 면접을 보고 왔다. 메기가 남자를 찾는 것이 아니었다. 모두 함께 메시야 대망을 실현할 대규합이 절실했다. 소외된 청년을 포섭하기에 결혼보다 더 효과적인 방법은 없었다. 이선생이 만나 본 남성은 건강한 30대 청년이었다.

청년은 부모가 격리된 지 얼마 지나지 않아 사망한 병자의 자식이었다. 고아로 외롭게 살았으나 교육은 잘 받은 것 같았다. 메기의 의

견은 이선생에게 담보한 상태여서 아무 난관이 없었다. 스승의 집무
실에서 합의가 끝났다. 그리하여 메기의 세 번째 결혼 신호에 불이 켜
졌다.

결혼은 한 남성과 한 여성이 서로 뜻을 같이하여 결정하는 인간
대사다. 단지 그 상대를 결정하는 것은 순전히 본인의 권한이며 자유
다. 그밖에는 어떤 규제도 없다. 결혼을 몇 번 이상 하지 말라는 법도
없고 몇 번만 하라는 제한도 없다. 어떤 것이 가장 이상적이라는 정설
도 제정한 바 없다. 성경에서조차 그런 언급이 없다. 메기의 세 번째
결혼이 그의 마지막 결혼이 될지 어떨지 그것은 메기가 결정할 일이
아니었다.

회당의 행사 일과 맞추어서 결혼식을 올리기로 했다. 이선생은
신랑의 가족이 없는 것을 몹시 유감스럽게 여겼다. 스승은 그런 점을
참작하여 동정적으로 일을 벌였다. 부모 없이 살아 온 그의 아픈 과거
를 조금이나마 보상해 주고 싶었던 것이다. 회당의 어른들을 모두 초
청하여 양쪽으로 마주 보게 자리를 만들었다. 그 중앙에 넓게 통로를
만들어서 신랑 신부를 외롭지 않게 꾸몄다. 계절과도 잘 어울리게 여
러 가지 꽃으로 장식을 했는데 여성들이 많이 도와주었다. 결혼식은
이선생의 집례로 이뤄졌으며 최고령 스승의 기도로 예식을 마쳤다.

바깥에서 보는 신랑 신부의 모습은 그 어느 때보다 아름답고 행복
한 한 폭의 그림이었다. 메기의 인생길이 새로운 구비를 돌아가는 환
영식이 볼 만했다. 새로운 인생길은 잘 풀려갈 것만 같았다. 하객들

의 얼굴에도 행복이 빛나고 있었다. 바깥에서 혼례를 치러서 그런지 공기까지 유난히 싱그러운 느낌이었다. 마치 메기의 마음을 어루만지는 엄마손처럼 부드럽기만 했다. 메기의 새 남편은 의젓하고 세련미가 넘치는 미남자였다. 보는 이들이 모두 칭송을 아끼지 않았다.

뜻 깊은 결혼식이 지난 며칠 뒤에 메기 부부가 이선생을 찾아왔다. 무슨 선물을 한아름 안고 싱글 벙글 웃는 신랑의 모습에서 행복을 읽을 수 있었다. 앞으로 자주 보기는 힘들겠지만 기회가 있는 대로 선생을 찾아 뵙겠노라고 했다. 선생은 자기가 부를 때나 찾아오라고 말하면서, 자주 보고 싶지 않으니 열심히 살기나 하라고 당부했다. 메기는 스승에게 아무 말도 하지 않았다. 그냥 바라보기만 해도 마음이 편하고 좋았다.

한번은 어깨가 축 늘어진 메기를 보고 이선생은 네가 무슨 일로 맥이 빠졌는지 몰라도 그건 너답지 않다며 꾸짖은 적이 있었다. 너답다는 것은 기가 살아 있을 때라고 말했다. 정녕 네가 기를 펴지 못하는 날에는 너를 내 여자로 만들 수밖에 없다고 했다. 그 말은 메기에게 어마어마한 협박을 암시하는 말이었다.

이선생은 혼자 산다는 것을 불편하게 생각한 적은 없었다. 그런데 가끔 청혼자가 나타나곤 했다. 이선생은 그럴 때 쓰는 명담이 있다. 그것은 자기와 결혼을 하겠다면 할 수는 있다. 그러나 자기 여자는 밥동무밖에는 못한다고 못을 박았다. 남녀가 부부가 되면 제일 먼저 잠동무가 된다. 그래야 아기가 생긴다. 그 다음에는 일 동무가 되어 생활을 꾸려가도록 각자의 할 일을 맡아야 된다. 그 다음이 말 동무다. 이런저런 온갖 이야기를 나누면서 지지고 볶는 말을 섞는 파트너가 된다. 좀 더 성숙해지면 길 동무가 된다. 잠자고 일하고 말하면서 인생길을 동행하는 데 결정적인 것은 한 상에서 밥을 먹는다는 것이다. 스승의 여자는 잠동무 일동무, 말동무, 길동무는 하지 않는다는 뜻이다. 그러니까 부부라고 할 수가 없다. 스승은 메기더러 '너 한 번 죽어 볼래'라는 협박을 한 것이다. 그 깊은 뜻을 어길 수 없어 메기는 항상 기가 죽으면 내가 죽는다는 신념으로 살고 있다.

세 번째 남편은 남성미가 일품이다. 얼굴에는 여유가 넘친다. 화를 내거나 짜증을 부려 본 적이 없는 넉넉한 장군 같다. 자기를 어린 아이 보듬듯이 번쩍 들어서 마루 위에 올려 놓는다. 신앙심은 메시야 신앙 운동 동지회에서 두각을 나타낸다. 무엇 하나 나무랄 데가 없는 것이 흠이라면 흠이다.

메기는 혹시나 해서 남편에게 넌지시 하지 않아도 될 질문을 한 적이 있다. 당신은 아기를 갖고 싶지 않느냐는 말이었다. 남편은 뜻밖이라는 듯이 되려 당신은 내 아이를 낳고 싶으냐고 반문했다. 메기는 그럴 마음이 간절하다고 했다. 그런 일이 있을 수 없지만 그러고 싶은 마음은 진심이라고 했다. 메기가 아는 바로는 불임보다 더 무서운 병은 없었다.

남편은 아이라는 말만 들으면 두통이 난다고 했다. 자기 부모는 자식을 낳기는 했으나 불행하게도 지킬 수가 없었다. 자기를 낳아 준 것은 고맙지만 아직도 장담할 수 없는 큰일이 남았다고 했다. 그런 건강 콤플렉스가 남편을 몹시 슬프게 하는 것 같았다. 평소에는 늘 쾌활한 남편이었으나 부모 이야기만 나오면 그의 표정에 긴장감이 역력하게 나타났다. 남편은 자기가 아직도 완전한 보통 사람이 아니라고 했다. 자기의 건강에 정상인이라는 보증이 없기 때문이다.

자기의 병은 잠복 기간이 길어서 언제 재발이 될 지 그 노출 시기는 아무도 모른다고 했다. 그러면서 함께 살아도 방심하지 말라고 메기를 걱정했다. 만일 그런 일이 생기면 큰일이 아니냐고 했다. 겉으로 보기에는 낙천가였으나 내심은 불안을 껴 안고 살아가는 속병에 시달리고 있는 환자였다. 언제라도 발병이 가능하다는 초조한 긴장 속에서 떨고 있었다. 메기는 그늘진 집안에 불을 밝게 켜 줘야 될 것 같았다.

남편은 그런 일이 생기면 아무 소리 말고 자기를 떠나라며 멋쩍게 웃었다. 그 말을 하는 순간 남편의 눈가에 가느다란 여울이 지나갔다. 마음이 몹시 우울해질 때 그런 반응이 일어나곤 했다. 메기는 그런 일은 결코 없을 것이라며 안심을 시켰다. 남편은 언제라도 해 둬야 할 말이니까 그런다며 말 끝을 흐렸다. 지금 자기는 메기와 결혼을 했으니 죽어도 여한이 없다고 했다. 메기는 남편을 위로할 적당한 말이 생각나지 않았다. 그래서 메기는 남편과 시간을 내어 여행을 하고 싶다고 화제를 딴 곳으로 돌렸다.

남편은 아내가 세상을 잘 모른다며 여행은 위험한 것이라고 가르쳤다. 남편은 농담 반 진담 반으로 아내의 미모 때문에 자기는 경호원으로 살 거라고 했다. 미녀가 여행을 통해 낯선 곳에 가는 것은 위험천만한 일이라고 겁을 주었다. 자칫 잘못했다가는 아내를 빼앗긴다고 엄살까지 부렸다. 듣고 보니 세상이 정말 그렇게 무서울까 싶었다.

남편은 사마리아에 시리아가 침략했을 때의 참상을 폭로했다. 그당시 예쁜 여자가 피해를 제일 많이 당했다고 말해 주었다. 집집마다침략군들이 수색해서 예쁜 여자는 나이를 가리지 않고 끌고 갔다. 그중에서도 예쁜 여자일수록 수난이 더 컸던 것 같다. 마치 무슨 보물을서로 차지하겠다고 결투를 하는 것과 비슷한 꼴이었다. 여자 때문에저희들끼리 죽이는 것이 예사였다. 남편의 이야기는 겁을 주려고 꾸민 것이 아니었다. 메기는 혹시나 그럴지도 모른다는 생각이 들어서여행은 하고 싶지 않다고 안심을 시켰다. 남편은 즉시 다른 의견을 내어놓았다. 회당 친구들에게 재미있는 파티를 베풀고 싶다고 했다. 기왕이면 결혼 일주년이 좋을 것 같았다. 두 사람은 의견이 투합되어 파티 쪽으로 의견을 모았다.

메기 부부가 한턱 쏜다는 파티에는 꽤 많은 사람들이 모여서 즐거운 하루를 보냈다. 처음부터 그 행사는 자기 부부 둘이서 꾸민 것이었다. 이선생에게는 아무 상의도 하지 않고 일을 벌였다. 스승을 귀찮게 하지 않고 편하게 모시려고 했기 때문이다. 이선생은 그런 놀이에는 별 관심이 없는 분이셨다. 아무 뜻도 없이 놀고 싶다는 제자들이조금은 못마땅했다. 그러나 제자들을 간섭하기는 싫었다.

사람들을 모을 때는 이유가 뚜렷한 것이 원칙이다. 사람들이 오고 가며 만나는 데는 재미보다 무슨 뜻이 하나쯤은 들어 있는 것이 좋다. 이를테면 생각을 할 만한 무슨 동기가 확실해야 한다. 그것이 이 선생의 상투적인 논리다.

사람과 사람이 만나는 데는 늘 이치가 따라야 하는 법이다. 서로 본다는 것, 그것은 만남의 의미가 될 수 없다. 무슨 알맹이가 있어야 한다. 손에 들고 가든가 마음에 담고 가든가 머리로 무엇을 깨닫는 것이 있든가 하지 않으려면 모이지 않는 것이 낫다. 답답하게 기다리는 재미가, 별 것 없이 모이는 재미보다 훨씬 유익하다. 그러나 이선생은 이번엔 파티 건으로 메기 부부에게 그런 내색은 하지 않았다. 왜냐하면 집에 돌아가면 뭔가 생각이 나게 되어 있기 때문이다. 그러니 재미없어도 손해만은 아니다.

스승의 생각은 정확하게 정곡을 맞췄다. 집에 돌아오자마자 뭔가 아쉽고 뭔가 빠뜨린 것이 있는 것 같았다. 자꾸만 마음이 우울하였다. 뭘 하고 온 것이 아니라 아무것도 하지 않고 온 것이 틀림없었다. 일 년이 지났다는 것은 별 의미가 없었다. 어쩐지 자꾸만 스승을 뵙고 와야 될 것 같았다. 여태까지 스승과 의논하지 않고 무슨 일을 벌인 적은 없었다. 이번 일은 순전히 개인적인 일이었기에 신경을 쓰게 해 드리지 않으려는 충정이 빚은 실수였다.

메기는 무슨 구실을 만들어서라도 스승을 찾아가고 싶었다. 일 주년 행사가 너무 밋밋했던 이유보다 스승을 배제한 행동에 배신자가 된 기분이었다. 스승을 만날 이유를 찾기보다 쳐들어가는 것이 바른 태도 같았다. 이심전심으로 스승의 마음도 편치 않았다. 녀석들이 지금 놀고 있을 때가 아닐 텐데 까불고 있는 꼴이 마음에 걸렸던 것이다. 좋은 것일수록 아끼는 훈련이 필요하다.

겨우 결혼 일 년을 어쩌겠다는지 노는 꼴이 선생의 화를 불렀다. 한평생을 살겠다고 결혼을 해 놓고 일 년만에 또 잔치를 하고 싶다면 그것은 길조가 아니라는 생각이 스승의 뇌리에 꽂혔던 것이다. 망할 놈, 제 몸에 문둥병이 언제 붉어져 나올지도 모르고 춤을 추겠다는구나, 그런 꼴을 내가 보고 있을 것 같은가라고 소리를 치고 싶었다. 메기 내외는 스승의 그 깊은 혜안을 읽지 못했다.

몇 달이 지나갔다. 제사장의 검진 공고가 예상보다 늦게 발표되었다. 그날은 모든 음성 나환자들이 검진을 받는 날이다. 병세가 좋아졌으면 활동 영역을 풀어준다. 병세가 완치되었으면 면제를 받게 된다. 병세가 악화되었으면 감염 정도에 따라서 격리 수용의 명을 내린다. 병세가 완만하면 검진을 계속 받도록 대기령이 내린다. 메기의 남편도 이번에 다시 검진을 받아야 한다.

그동안 몇 차례 검진 보류 판정을 받았다. 보류는 현 상태로 살 수 있다는 호평이다. 그러나 이번에는 결혼을 한 것이 어떤 반응을 보일지 몹시 불안하다. 검진 날이 가까워질수록 긴장이 되어 손에 일이 잡히지 않았다. 모쪼록 좋은 판정을 받게 되기만 열심히 빌었다.

이선생은 메기가 걱정되었다. 지난 번에 죽은 남편은 완전히 비밀 속에 결혼을 했다. 그러나 이번엔 그렇게 하지 않았다. 이선생은 현상 유지가 힘들어질까 봐 마음에 걸렸다. 초조한 시간이 지나갔다. 검진이 끝났을 텐데 메기 집 소식은 들리지 않았다. 이선생은 물어볼 수가 없었다. 잘못되었다면 사형 선고나 다름없기 때문이다. 나병이 완치되는 확률은 극히 낮다. 요행히 평생 음성 환자로 살아가는 수는 더러 있다. 그렇게라도 되기를 기대 중이다.

하지만 소식이 감감한 것은 나쁜 쪽일 가능성이 더 높다. 생각보다 침묵의 시일이 너무 길었다. 메기는 메기대로 고심이 이만저만이 아니었다. 남편의 판정은 애매하게 나왔다. 병세가 비호전이었다. 요주의라는 경고로 판정이 났다. 그러면 격리는 아니라도 별거를 해야 한다.

집을 떠나지 않아도 된다. 그러나 가족과 함께 살 수는 없다. 그것은 독신으로 살라는 뜻이다. 이런 결정은 잠정적인 격리 명령과 같다. 다음 검진 때는 거의 격리 결정이 나기 때문이다. 남편은 언제라도 닥칠 일이라면 미리 정리를 하는 것이 좋겠다는 생각이었다. 하지만 메기의 생각은 달랐다. 갈 수 있는 데까지 가서 결정을 하려고 했다.

이미 결별은 결정난 것이나 다름없었다. 다만 시기에 관한 의견만 서로 다를 뿐이었다. 그동안 검진이 호전으로 판정날 줄 알았다. 그렇게 되었다면 그 다음쯤은 면제가 될 희망도 기대할 수 있었다. 하지만 이제는 모든 가능성이 끝난 것이나 다름없었다. 남편은 이왕이면 서로 좋은 얼굴로 헤어지고 싶다고 했다. 등을 떠밀어서라도 웃는 얼굴로 보내주고 싶다는 것이 그의 진심이었다.

메기는 자기도 나병자라면 어떻게 하겠느냐고 물었다. 당신과 일년 이상 살았으면 나도 음성 환자가 아니냐고 떼를 쓰며 함께 있겠다고 고집했다. 메기의 진심을 남편은 모를 것이다. 메기의 나이는 아직 젊은 편이다. 그러나 결혼을 세 번했으면 여늬 사람보다 세 배나 더 산 셈이다. 지금 인생을 마감한다 해도 아무 여한이 없었다. 그러니 나병환자로 살아도 괜찮다는 말은 조금도 거짓이 아니었다. 밀고 당기는 그런 소문이 선생의 귀에도 들어갔다. 선생은 예감이 적중하여 가슴이 아팠다. 불길한 잔치라고 생각했던 것이 마치 저주라도 한 것 같아서 자기꼴이 우습게 되었다. 이선생은 그런 악담을 하려고 한 것이 아니었다. 생각할수록 죄송하고 후회스러웠다. 선생은 건전한 방안을 가지고 메기 부부를 찾아갔다.

메기를 설득하는 것이 순리다. 그녀는 자기도 나병자가 틀림없다는 확신을 가지고 있었다. 선생은 우선 메기의 말을 인정해 주었다. 그러면 네 말대로 나병자인지 아닌지 검진을 받은 후에 뜻을 고집해도 늦지 않다고 달랬다. 메기는 난색을 하고 스승에게 대들었다. 세 번째 남편을 버리고 또 어디 가서 살겠느냐고 울음을 터뜨렸다. 선생은 슬그머니 자리를 떴다. 하지만 이선생은 부지런히 검진부터 받을 길을 뚫고 있었다. 드디어 반가운 통지를 받았다. 보호자가 환자를 직접 데리고 검진소로 나오라는 통보였다.

메기에게 이선생은 절대자와 같았다. 선생을 따라서 검진소에 가던 날 선생은 처음으로 수다를 떨며 많은 말을 했다. 아직 한 번도 그런 모습을 보여준 적이 없었다. 선생은 메기가 문둥이인지 아닌지를 검사받는다는 것이 모두 자기 책임 같아서 견딜 수가 없었던 것이다. 그래서 터져나온 말을 마구 쏟아 내며 자기를 학대하고 있었다. 메기를 안정시켜 줄 다른 방법이 없었기 때문이다.

나병 검진은 아주 엄격하다. 긴 시간 각종 검진을 다 통과하여 검사관 전원의 합의판정을 받아야 한다. 메기는 그 복잡한 절차를 다 거친 후 평범 판정을 받았다. 특별한 병이 없다는 최고의 판정이 평범이다. 스승은 메기 내외와 한자리에 앉았다. 오늘 따라 두 사람이 참 아름답게 보였다. 이렇게 기분이 엇갈릴 때는 어떻게 하는 것이 좋을지 생각이 나지 않았다. 평범 판정은 이미 예상한 것이었다. 하지만 만의 하나 만약 메기가 감염이 되어 나병으로 판정이 났으면 스승은 아마 살고 싶지 않았을 것이다.

스승은 메시야 고사를 주문했다. 세 사람은 한 목소리로 암송했다. '그가 찔림은 우리의 허물을 인함이요 그가 상함은 우리의 죄악을 인함이라 그가 징계를 받음으로 우리가 평화를 누리고 그가 채찍에 맞음으로 우리가 나음을 입었도다 우리는 다 양 같아서 그릇 행하여 각기 제 길로 갔거늘 여호와께서는 우리 무리의 죄악을 그에게 담당시키셨도다 아멘'

그러고 나니 한결 마음이 안정을 찾은 것 같다. 메기는 좋은 아내로 살았다. 좋은 아내는 자기 남편의 뜻을 따르는 것이다. 그러니 네가 어떻게 할 것인지 결정을 하라고 선택을 맡겼다. 메기는 스승의 뜻을 알았다. 언제가 될 지는 모르겠으나 회당으로 돌아가겠다고 약속했다. 단지 내 발로 혼자 이 집을 떠나고 싶지는 않다고 스승에게 알렸다.

남편이 데려다주는 그날을 남편에게 맡길 것이라고 답을 내놓았다. 공을 남편에게 넘긴 메기의 태도는 정말 아름다운 마음이었다. 그러나 메기의 운명은 세 번째 남편과 헤어지게 되었다. 아직 젊고 고운 여성이 홀로 살아갈 까닭이 없다. 그동안 받은 상처 때문이라도 재혼을 하게 될 것이다. 그렇다면 그녀의 운명은 네 번째 남편을 만날 날을 기다리고 있는 셈이다.

5

한 달만에 메기는 회당으로 돌아와 별관 보모실에 짐을 풀었다. 어떻게 이별을 했는지는 말을 하지 않았다. 한 달을 남편과 더 지내다가 더는 안 된다고 남편이 메기를 달래어서 회당문 앞까지 데리고 온 것이다. 메기는 조금도 변한 데가 없었다. 아이들이 몇명 늘어서 할 일이 밀렸다. 몇 명 되지 않는 보모들의 손으로는 종일 일을 해도 말끔하게 끝이 나질 않았다. 일손을 늘리기는 재정이 부족했다. 선생은 후원금을 독려하러 자주 여러 고을로 방문을 갔다.

건너 마을에 한 독지가가 매월 후원을 해주겠다는 기쁜 소식이 들렸다. 메기가 돌아오던 날 그 후원자가 회당을 찾았다. 그날 중년 남자 한 분이 직접 후원금을 들고 이선생을 찾아왔다. 선생은 그분을 데리고 별관으로 건너와서 후원금을 전달받았다. 보모실을 대표하여 메기가 그 후원자로부터 후원금을 인수했다. 메기는 정중하게 후원자에게 사례를 했다. 인사를 나눈 다음 그분은 본당으로 건너갔다.

불쌍한 아이들은 끼니가 늘 모자라서 회당의 보조만을 의지할 수밖에 없었다. 후원금이 일정하게 들어온다면 보모도 한 명 더 늘릴 수 있었다. 분위기가 확 달라진 별관 식구들은 여간 기뻐하지 않았다. 그날은 하늘이 내려 준 길일 같았다. 후원자가 찾아 오고 후원금이 들어오고 메기가 돌아오고 모두 좋은 일과 상관이 있어서 앞으로 더욱 많은 발전이 기대되는 날이었다.

메기에게 네 번째 남편이 나타났다. 이선생이 나서기도 전에 어디서 백마 탄 기사가 나타났다. 매달 후원금을 희사하는 그 중년 지주는 부인과 사별하고 10년째 독신으로 살고 있었다. 포도 농장을 경영하는 지주로서 경제력이 상당했다. 매월 한 번씩 후원금을 들고 회당을 찾는 일이 수년째 계속되었다. 그때마다 꼭 메기를 만나 후원금을 전했다. 시간이 가면서 정이 들고 신뢰가 쌓이는 것은 자연스럽고 당연하다. 결국 그 후원자인 지주는 메기에게 청혼을 할 정도의 좋은 관계로 발전했다. 그 남성은 지주로서만 성공한 유지가 아니었다. 업무에 바빠서 재혼을 생각하지 못할 정도로 일을 사랑하는 인물이었다. 지금은 자리가 잡혔는데도 여성에게 관심이 없었다. 혼자 살던 버릇 때문에 그것이 편했던 모양이다. 하지만 나이가 들면서 차츰 옆자리가 허전했다. 그럴 때 마침 후원금을 전하기 위해 매달 메기를 만나게 된 것이다.

평소에 메기를 착실한 직원으로 보기는 했으나 여성으로 마음에 둔 것은 아니었다. 하지만 기왕 사람을 찾는다면 그만한 인물을 만나기 어려울 것 같았다. 그분은 이선생을 통해서 정중하게 청혼을 했다. 오랜 만에 메기는 또 한 번 운명이 바뀔 기회를 맞이했다. 메기는 거부할 수 없는 입장이었다. 회당에 딸려 있는 별관 식구들이 그동안 그분 덕분에 어떻게 살아왔는지는 누구보다 메기가 잘 알고 있었다. 앞으로도 그분의 도움이 필요한 처지였다. 메기에게는 결정할 일이 아니라 따라야 할 운명이었다. 이선생과 의논하여 그렇게 하기로 했다. 그동안 웬만한 험한 일을 많이도 겪었으니 여기서 무슨 액운이 더 남았으랴 싶었다. 다행히 혼자 사는 그분은 인생 경험이 메기보다 많은 어른이시니 설마 또 무슨 일이 있으랴 생각했다. 식구도 단 둘뿐이어서 더는 이별이 없을 것 같았다. 그 사이에 메기는 벌써 네 번째 남편을 만나는 기구한 여성이 되었다. 그것이 자기의 마지막 행복이기를 빌었으나 운명은 아무도 장담할 수가 없는 일이다.

새 남편은 새 아내 메기를 어린아이를 다루듯이 조심스럽게 돌봤다. 힘들게 할 것이 아무것도 없고 아무것도 아쉬울 것이 없는 안정된 생활 공간을 마련하고 있었다. 그동안 마땅한 안주인을 찾느라고 애쓰다가 메기를 만나게 되어 온 살림을 맡게 되었다. 행복이 산더미같이 밀려왔다. 그런 행복을 10년 가까이 누렸다. 무엇보다 매월 회당 별관의 후원비 전달은 메기의 차지였다. 그 일로 메기가 회당 식구들을 만나는 즐거움은 행복 중에서도 행복이었다.

하늘에서 내려다볼 엄마가 질투를 할 만큼 메기는 행복을 누리며 살았다. 이렇게 한평생을 사는가 보다 싶었다. 그러나 그런 행복을 비웃듯이 가혹한 폭풍이 또 한 번 메기를 덮쳤다. 남편도 모르던 가정 불화가 돌풍같이 온 집을 엉망진창으로 만들었다. 남편에게는 전처와의 사이에서 태어난 아들이 있었다. 전처가 살아 있을 때 아버지의 재산을 한몫 가지고 가출을 한 아들이 십수 년 만에 느닷없이 여자를 데리고 나타나서 아들로서 주인 노릇을 하겠다고 소란을 피운 것이다. 새엄마는 인정할 수 없으니 나가라는 것이 난동의 불씨였다.

오래전에 집을 나간 후로 아무 소식이 없던 헤어진 아들이었다. 재산도 가져갈 만큼 챙겨 갔으니 아버지는 잘못한 것이 없었다. 무턱대고 쳐들어와서 자기 집이라고 나가라 하니 어이가 없었다. 맞서 싸울 수도 없고 타협을 할 형편도 아니었다. 아버지도 한 번 본 적이 없는 며느리가 막무가내로 행패를 부려서 남편도 속수무책이었다. 메기는 억울하게도 한 가정에 불화의 원인을 제공한 꼴이 되고 말았다. 싸워서 해결이 날 것 같지 않았다. 자기보다 남편의 입장이 곤란하게 된 것 같았다. 억울하고 분하여 죽고 싶도록 가슴이 아팠다.

남편을 위해서라도 더 버티고 있는 것은 도움이 될 것 같지 않았다. 스스로 물러나지 않으면 무슨 봉변을 당할 것 같았다. 작별 인사라도 하고 떠나는 것이 당연할 테지만 그런 인간의 도리가 통할 자리가 아니었다. 인륜도 천륜도 짓밟아 버린 땅에는 메기가 서 있지 말아야 할 것 같았다. 아무 말도 않고 떠나는 것이 남편을 위하여 옳은 것 같았다. 아무리 안중에 사람이 없어도 아버지 곁에 서 있는 새 엄마를 개쫓듯 행패를 부리는 패륜은 감당하기가 힘들었다.

아무 말도 남기지 않고 집 밖으로 나왔다. 맥없이 밀려나온 자신을 보는 순간 분노가 전신을 비틀고 있었다. 더는 갈 데가 생각나지 않았다. 회당으로 갈 면목이 없어진 것이 가장 마음에 아팠다. 그 길이 막혔다는 것이 마치 하늘이 닫힌 것처럼 암담했다. 늙으신 아버지 곁으로 가고 싶었으나 차마 거기만은 가지 말아야 할 것 같았다. 그러나 아버지 생전에 다시 가 뵐 기회가 없을 것 같아서 망설였다. 길을 되돌려서 아버지를 찾아가기로 결심했다. 지금 때를 놓치면 후회가 막급할 것 같아서 길을 재촉했다. 아버지가 몹시도 그리워서 걸음에 힘을 주어 내달렸다.

아버지를 뵙는 것이 너무 염치가 없었다. 그러나 혼자 계신 아버지를 뵙지 못한 세월이 너무나 길었다. 이번이 얼마만인지 헤아리기도 죄송스러울 지경이다. 아버지 생각을 하다 보니 발 길이 어느새 옛집에 닿아 있었다. 사립문을 밀고 들어가서 아버지를 불렀다. 허리가 많이 굽으신 노인을 얼른 아버지로 알아보기가 낯이 설었다. 아버지는 딸을 보고 차마 '메기'라는 이름조차 부르지 못했다. 얼마나 불러 보고 싶었던 딸의 이름인데 부를 때가 오다니 황송스러운 날이었다. 겨우 손짓으로 안쪽을 가리키며 들어오라는 시늉을 했다. 아버지를 따라가는 동안 앞장을 서신 노인의 뒷모습을 보노라니 하염없는 눈물이 앞을 가렸다.

아버지는 오랜만에 보는 딸의 몰골에서 모든 것을 읽을 수 있었다. 한참 후에 겨우 입을 뗀 아버지는 그제서야 '메기야' 하고 그 이름을 불렀다. 어디 아픈 데는 없느냐고 딸의 건강을 먼저 물었다. 아버지의 목소리가 한없이 슬프게 떨렸다. 메기도 아버지는 어떠신지 여쭙고 싶었다. 그러나 목이 매어 소리가 밖으로 나오지 않았다. 겨우 목소리를 가다듬고 한 말씀 올렸다. 가슴 밑바닥에서 끓어오르는 한 맺힌 소리였다. '아버지 저 가슴이 많이 아파요'라며 응석을 부린다는 것이 그만 통곡으로 터지고 말았다.

아버지는 딸의 손을 잡아당기며 딸과 얼굴을 마주했다. 울음을 달래면서 마음이 가라앉기를 기다렸다. 딸이 울음을 그치자 아버지는 입을 뗐다. 네가 방금 뭐라고 했더냐, 어디가 아프다고 그랬느냐고 다시 물었다. 메기도 또렷한 목소리로 "저... 가슴이요"라고 답했다. 아버지는 눈을 좀 크게 뜨고 입을 뗐다. 당연하지, 네가 어찌 가슴이 아프지 않겠느냐. 하나님은 인간에게 아프게 살라 명을 내리셨더구나. 여성은 배가 아프게 살고, 남자는 이마에 땀이 나도록 머리가 아프게 살라고 하셨더구나. 여성은 배가 아프면 자식을 낳게 되지, 그것이 여성의 몫이지. 너는 배가 아프지 않아 자식을 낳지 못하는 게지. 그래서 너는 배 대신에 가슴이 아픈 여성인 게야. 배가 아픈 여성은 자식 낳는 즐거움으로 살고 가슴 아픈 여성은 고아를 품는 덕으로 살게 되지. 하나님은 너를 가슴이 아픈 여성으로 내게 태어나게 하신 게지, 너는 아무 잘못이 없으니 슬퍼하지 말아라. 네가 가슴이 아픈 것은 네 아비를 잘못 만난 탓이다. 네가 눈을 곱게 뜨고 세상을 둘러보면 사방에 네 가슴으로 감싸 주고 품어 줄 외로운 아가들이 엄마를 찾고 있단다.

아기를 낳는 산모가 있는가 하면 그 아기를 먹이는 유모도 있지. 그리고 아기를 지키고 돌보는 보모가 있질 않더냐. 여성은 누구나 어미란다. 너는 보모로 살기 위해 세상에 태어났다고 생각하려무나. 보모가 없는 세상을 상상해 보아라. 아버지는 다시 메기야 하고 이름을 불렀다. 그리고는 네라고 대답하는 딸의 등을 쓰다듬어 주었다.

아버지는 메기가 철 날 때를 기다리고 있었다. 가슴이 아파서 돌아 올지도 모르는 딸에게 말해 주려고 값진 처방을 감춰 놓은 것 같았다. 삶을 깨치는 상상 초월의 비밀을 들려준 아버지가 새삼 감사하여 떠나기가 싫었다. 아버지도 딸을 보내고 싶지 않았다. 단 하루만이라도 잡아 두고 싶었다. 궁리 중에 딸을 위로해 줄 성경이 떠올랐다. 딸과 마주하여 다시 이야기를 꺼냈다.

아브라함의 집에 큰 불화가 생긴 적이 있었다. 사라가 자기 몸종 하갈에게 자기는 아기를 낳지 못하니 대신 아들을 낳아 달라고 부탁했다. 하갈은 주인이 시키는 대로 아브라함과 동침하여 아들을 낳게 되었다. 자손이 끊어진 집에 아들을 낳아줌으로 대를 잇게 하여 가문에 공을 세운 하갈이다. 그런데 하갈이 아들을 낳은 후로 교만이 차서 상전인 사라에게 오만하게 굴었다. 자기 주인을 능멸하는 그 종과 한 집에서 살 수가 없어서 내쫓았다. 하갈이 순순히 물러나려고 하지 않았을 것이다. 아브라함도 자기 아들을 낳아 준 여인을 내쫓기는 쉽지 않았을 것이다. 온 집이 그 불화로 난처하게 되었다. 아브라함이 하나님께 어떻게 처리를 해야 하느냐고 여쭈어 보았다. 하나님은 간단하게 답을 주셨다. 너의 아내 사라가 시키는 대로 하라는 말씀이셨다. 꼼짝도 못하고 하갈과 그가 낳은 아들을 당장 내쫓아 버렸다. 가정의 화목을 위해서 책임질 사람이 물러나는 것이 세상의 도리라고 가르쳐 주셨다. 경우는 조금 다르지만 메기는 자식이 없는 홀몸으로 물러났으니 하갈의 신세보다는 조금 낫지 않느냐고 위로를 했다.

그날부터 메기는 가슴이 아픈 여성으로 다시 태어났다. 더욱 보람되게 살 각오를 굳게 하였다. 슬프다고 눈물 짓고 아프다고 투정부릴 여유가 없었다. 아버지의 말씀 같이 돌봐 줄 아이들이 어디에나 손을 벌리고 있었다. 닥치는 대로 찾아 다니며 엄마가 있어야 할 자리를 지켜 주고 도왔다.

어디서 솟아나는지 힘이 날로 불어나는 것이 이상할 정도였다. 메기의 선행에 대한 소문이 장안에 밀물처럼 퍼지고 있었다. 골목 골목마다 자자하게 향기처럼 번지고 있었다. 사마리아에 새로운 천사로 변신한 메기의 미담은 많은 자원 봉사자를 이끌어냈다. 사회 전반에 여성들의 손이 절실하게 요구되는 시대였다. 남성들의 노동력은 절대적인 국력이다. 여성들의 봉사의 덕은 사회의 윤활유다. 메기는 그 일의 홍보대사 역할을 하고 있었다.

메기는 엄마 없이 아버지 손에서 자란 탓으로 유난히 정에 목말라 있었다. 그러나 지금부터는 정에 굶주린 아이들을 제대로 보살필 것이다. 그리고 그늘진 곳을 밝고 환하게 개벽을 시킬 것이다. 메기는 정이 고픈 자기 딸 때문에 눈을 제대로 감지 못한 엄마에 대한 한이 가슴에 남아 있었다. 그 엄마의 남은 몫을 자기 몫과 합하여 가슴이 따뜻한 사마리아를 꿈꾸며 밤낮을 가리지 않고 뛰어다녔다.

그러는 동안 세월은 또 몇 년이 훌쩍 지났다. 메기는 이제 대단한 여성으로 변해 있었다. 몸에서 풍기는 성숙미는 많은 사람들의 찬사처럼, '천사'라는 별명이 잘 어울리는 여성이 되게 하였다. 정이 많고 아름다운 품위가 모든 여성들의 자존심이 되었다. 사마리아 어디를 가도 메기의 미담을 듣지 못한 사람이 없었다.

그렇게 변신한 데에는 배경이 있었다. 그것은 사마리아 난민 수용소 때문이다. 전쟁은 폐허만큼 유명세를 탄다. 사마리아는 지리적으로 요충지다. 사방에서 떠돌던 국적없는 난민들이 용케도 사마리아로 찾아 오고 있었다. 사마리아 정부는 난민을 쫓아내지 않고 아픈 사람의 사정을 이해하고 있었다. 처지가 어려워서 찾아온 사람을 받아 주는 것을 자기들의 할 일로 받아들였다.

그런 곳에서 메기가 두각을 나타낸 것이 메기의 운명을 바꿔 주었다. 수용소 관리는 어렵고 힘이 들어서 정부도 손쓸 방법이 없었다. 통솔이 가장 어려운 일이다. 그런 곳에서 메기는 실력을 발휘했다. 그들의 대부분은 국적이 없다. 그들 중에는 자기 이름도 모르는 사람이 있었다. 무리를 지어서 떠도는 비인간 집단이다. 그런데 메기의 말은 잘 따랐다. 그것은 심리전보다 더 무서운 신뢰의 힘이다. 메기에게는 특유의 재능이 있었다. 메기는 그의 노래 솜씨 하나로 난민을 통솔한다. 회당에서 배운 메시야 찬가 덕분이다. '그가 찔림은 우리의 허물을 인함이요. 그가 상함은 우리의 죄악을 인함이라. 그가 징계를 받음으로 우리가 평화를 누리고, 그가 채찍에 맞음으로 우리가 나음을 입었도다. 우리는 다 양 같아서 그릇 행하여 각기 제 길로 갔거늘, 여호와께서는 우리 무리의 죄악을 그에게 담당시키셨도다.' 구구 절절 자기들의 신세 타령이었다. 그리고 자기들의 희망사항이 가득 들어 있는 노래였다. 찔리고 상하고 벌 받고 매 맞는 것이 그들의 일상이었다. 우리는 다 양 같아서 그릇 행하여 각기 제 길로 갔다는 말도 자기들의 떠도는 실제 상황과 일치한 말이었다. 무엇보다 감동적인 것은 우리 무리의 죄라는 대목이다. 그들은 '나' 라는 존재보다 '우리' 무리라는 망가진 공동체를 누군가 책임을 진다는 노래가 있다는 것이 위로가 되고 희망이 되었다.

　메기가 그 노래를 가르쳐 준 다음부터 수용소의 규율이 생겼다. 그 소문을 듣고 각계각층에서 수용소를 경쟁하듯 시찰했다. 어느 날 사회 지도자 한 분이 그 광경을 보고 메기를 찾았다. 그 학사는 메기의 교육 배경을 상세하게 물어보고 돌아갔다. 메시야가 인류의 구세주시니 인류의 희망은 메시야뿐이라는 신앙이 그의 배경인 것을 알았다. 메기는 이보다 더 크고 가치 있는 교육은 없다는 신념으로 그 학사를 자기 스승인 이사야 선생에게 소개해 주었다. 그곳을 다녀 온 그 학사는 메기를 주목하여 관찰하기 시작했다.

그러던 어느 날 생각하지도 못했던 청혼이 또다시 들어왔다. 재혼할 생각이 없다고 단호하게 거절했다. 그러나 청혼자는 좀처럼 물러서지 않았다. 신앙이 독실하고 사마리아를 지도하는 명사라고 했다. 모든 좋은 조건을 두루 갖춘 과분한 지성인이었다. 결국 주변에서 부추기는 통에 결정을 할 수밖에 없었다. 메기가 알고 보니 그 사람은 수용소에서 만난 그 학사였다. 자기가 직접 나서기가 쑥스럽다고 사방으로 청을 넣은 모양이다. 결국 그 학사를 다섯 번째 남편으로 만나서 다시 가정으로 들어앉게 되었다.

다섯 남편의 여성이 된 것은 틀림없다. 그러나 한 남성과 한 여성의 혼인의 원칙을 벗어난 적은 결코 없었다. 처음에 한 여성이 한 남성과 결혼하여 부부가 되었다. 그 부부가 불임 문제로 헤어졌다. 혼자가 된 그 여성은 다시 한 남성과 결혼했다. 그 부부는 남편이 지병으로 고생하다가 죽어서 헤어졌다. 혼자가 된 그 여성은 또 한 남성과 결혼했다. 항상 1 : 1로 만났다. 한 여성이 많은 남성과 생활한 것이 절대로 아니었다. 흔히 사람들은 1 : 5라는 산술적 편견을 의식의 중앙에 설치한다. 그리하여 한 여성과 다섯 남성을 혼합하여 망측하고 추한 상상을 한다. 거기서 추리한 음흉한 상상으로 논리를 조작하며 이상야릇한 악취미를 즐긴다. 참으로 어이없는 수준 미달의 추악한 인간미다.

세상에 그런 나라는 없다. 그런 여성도 없다. 그런 제도도 없고 그런 풍습도 없다. 누구에게나 남편 하나에 아내 하나이다. 헤어졌다면 이미 남편도 아내도 아니다. 메기는 1 : 1의 원칙을 벗어난 일이 단 한순간도 없었다. 그것이 성경에 명시된 진실이다.

다섯 남편이 있었다는 말을 곡해하는 그들의 저의가 한심하고 불쌍하다. 그 여성은 상식을 벗어난 뒤틀리고 천박한 비운의 여성이 아니다. 자신의 불행을 극복하면서 착실하게 살아온 맹렬 여성이다. 자기 인생의 짐은 자기 몫으로 메고, 끌고가는 책임감 강한 꼿꼿한 여자이다. 아기를 낳지는 못했으나 낳은 자식을 돌볼 수 없는 엄마 대신에 그들을 돌봐 준 보모로서 자기 몫을 다한 모성애가 강한 여성이다. 지금은 한결 삶이 여유로워진 것은 틀림없는 행복이다. 지난 세월 그 어떤 남편의 아내였던 것보다 안정이 되어 있고 귀부인으로 신분이 달라졌다. 그럴수록 더 겸손하고 착한 아내로, 한 남편을 섬기는 아내로 만족했다.

그녀는 편하고 안락한 생활이 오히려 어울리지 않게 느껴질 때가 많았다. 이런 풍요로운 환경이 감히 자기 같은 비운의 여성에게는 마치 외도처럼 느껴졌다. 그러나 아무에게도 그런 내색은 드러낼 처지가 아니었다. 세월이 흐르는 사이에 인생살이도 익숙해진 것이다. 수준 높은 남편과 신앙 상담을 자주 할 만큼 생활에 여유가 생겼다. 하지만 남편의 철두철미한 신앙에는 미치지 못했다. 항상 남편의 신앙에 경의를 보낼 뿐 조금의 의문이나 의혹은 없었다. 메기는 자기 분수를 넘지 않으려고 매사에 주의를 게을리하지 않았다. 그러던 중에 긴장이 풀린 탓인지 뜻밖에 큰 실수를 하고 말았다.

남편과 대화 중에 일어난 사건이었다. 단지 말 한 마디의 실수였으나 그 한 마디는 실수라고 받아줄 수 없는 과오였다. 너무나 어이없는 사고였다. 그것이 그런 치명상이 되는 줄 정말 몰랐다. 하나님은 모든 민족에게 동일하다는 단순한 생각이 원인이었다. 자기의 좁은 소견이 저지른 자기의 한계였다. 미숙한 자신이 남편에게 그렇게 큰 상처를 입히게 될 줄은 몰랐다. 남편은 사마리아 성전이 하나님의 약속하신 정통한 예배 장소라고 믿고 있었다. 그는 전형적인 사마리아 지식층이며 지도자이다. 그러나 유대인들은 예루살렘 성전이 하나님이 지정하신 예배 장소라고 주장한다. 양편의 주장을 어떻게 판단해야 하는 것이냐고 남편에게 질문을 한 것이 화근이 되었다.

남편은 아무 대답도 하지 않고 입을 닫았다. 그런 질문을 한다는 것 자체가 하나님에 대한 불신이며 사마리아에 대한 배신이라고 분개하는 남편이었다. 남편의 절대적 신학사상에 정면으로 충격을 가한 것이다. 질문을 해서는 안 되는 것도 있다. 남편은 별 말이 없었다. 그러나 이런 배신자와는 한 집에서 살 수 없다는 결론은 이미 내려졌다. 남편이 아내더러 당신이 사마리아 사람이 맞느냐고 호통을 쳤으면 차라리 덜 부끄러웠을 것이다. 남편은 아무 말도 하지 않고 사후 수순을 밟고 있었다.

어느 날 남편이 아내를 서재로 불렀다. 마음에 각오가 되어 있어서 별 두려움은 없었다. 잘못했으니 응당 벌은 받겠으나 면목이 없어서 고개를 들 수 없는 자신이 한없이 가엾게 느껴졌다. 단정하게 앉아 있는 아내에게 당신은 참 좋은 사람이라는 찬사로 말문을 열었다. 아내의 진로를 말하려는 그 태도가 엄숙하였다. 아내가 이전처럼 사마리아의 천사로 살아줬으면 좋겠다고 자기 입장을 밝혔다. 약자를 돌보는 일을 당신만큼 잘하는 사람이 없다는 칭찬도 했다. 성 안팎에서 당신의 도움을 요청하는 청원이 쇄도한다는 말까지 했다. 듣고 보니 이혼을 통고하는 것만은 아닌 것 같았다.

남편은 헤어지는 조건으로 한 가지를 제안했다. 듣기에 따라서는 자신의 명예에 관한 안전 장치 같았다. 이번에 자기와 헤어지는 것으로 다시는 재혼하지 말아 달라는 것이다. 재혼을 말아 달라는 그 뜻이 오히려 고맙게 느껴졌다. 그런 부탁을 하지 않아도 그럴 각오가 되어 있던 메기는 그 제안을 순순히 받아들였다. 가슴 아프게 살아갈 자기 운명 앞에 재혼은 결단코 없을 것이다.

그런 자신감으로 남은 인생을 혼자서 살 각오가 되었다. 오랫만에 느껴보는 가슴이 촉촉하게 젖어오는 아늑한 행복감이 밀려들었다. 이혼에도 착한 이혼이 있는 것 같았다. 아픈 이혼, 슬픈 이혼, 딱

한 이혼, 분한 이혼 뒤에 착한 이혼으로 새로운 인생을 살아가게 된 자신이 새삼 대견하게 느껴졌다.

다음 날 가슴은 아프지만 자기가 있어야 할 자리를 점검할 필요가 생겼다. 그동안 잘못 알고 살았던 죄책감을 떨쳐버리고 싶었다. 제발 보내 주기만 하면 그리 하겠노라고 약속하고 그 집을 나섰다. 마지막 으로 남편에게 아쉬운 작별을 혼자서 중얼거렸다. 고상한 지체에 걸 맞게 내조를 다하지 못하고 떠나는 것을 용서해 달라고 빌었다. 그리 고 당신의 명예에 누가 될 재혼은 하지 않겠다는 다짐도 했다. 들어 주지 않아도 가슴에 품고 살 것을 입술을 깨물면서 약속했다.

메기는 다섯 남편의 주인공인 것에 종지부를 찍었다. 가벼운 발 걸음이 저 혼자 어디를 향해 열심히 길을 밟고 있었다. 처량하게 쪼그 리고 앉아서 누구를 기다리고 있을 가난한 집이 생각났던 것이다. 마 을에 들어서면 움푹 꺼진 낮은 집이 있다. 어린 아이 셋을 두고 세상 을 뜬 엄마의 눈물이 가득히 고인 집이다. 그 집은 가난이 뭔지 알지 도 못하는 궁색이 뼈 속까지 배여 있었다.

할아버지 같이 늙어 버린 중년 농부의 집으로 먼저 갈 생각이었 다. 언젠가 그 집 아이들을 며칠 돌봐 준 뒤로부터 문득문득 생각이 나곤 하던 집이다. 다시 만날 기약은 없었으나, 그런 날이 올 것 같은 예감은 늘 가슴에서 떠나지 않고 남아 있었다. 가는 길에 시장에 들러 아이들의 먹거리를 준비했다. 골목길로 들어서자 동네 할머니들과 마주쳤다. 소문이 벌써 들렸는가 해서 조바심이 났다.

할머니들이 천사가 왔다고 환영을 하는 것으로 봐서는 자기의 이혼을 아직 모르는 것 같았다. 귀부인으로 신분이 높아졌다는 인사까지 하는 할머니도 있었다. 고맙다고 답례를 하며 할머니들을 전송하고 집안으로 들어갔다. 아이들이 그를 보더니 우르르 달려와서 와락 매어달렸다. 그동안 남자 혼자서 아이들과 어떻게 지냈는지 알 것 같았다.

메기는 제일 불쌍한 막내를 등에 업고 집안을 쓸고 닦았다. 집안 꼴이 비참했으나 아이들의 맑은 웃음은 깨끗하기만 했다. 이것저것 꺼내서 저녁을 만들었다. 다른 사람의 이목은 신경쓸 필요가 없었다. 아무도 그 여성을 그 집 아낙으로 볼 까닭이 없었다. 다만 그 집 세 아이의 수호천사로 살려고 찾아온 메기를 마을 사람들은 잘 알고 있었다. 메기가 아니었으면 동네 사람들이 돌봐야 할 일이다. 그러니 자기들의 천사라고 고마워했다.

한 집에서 남녀가 살 수밖에 없으니 부부라고 오해를 해도 할 수 없는 노릇이다. 하지만 아무 변명도 할 필요가 없다. 오해는 나쁜 것이다. 그러나 그것은 자유다. 그 집 남자는 그 여성을 천사처럼 소중한 존재로 존경한다. 밖에 나가면 자기를 새신랑인 양 놀려댄다. 그래도 자기는 남편이 아니므로 구차한 말씨름은 피한다. 그 여성은 누가 뭐라 해도 아무 상관을 하지 않는다.

전에 이혼을 여러 번 한 것은 사실이다. 그러나 한 번도 남자와 놀아난 적은 없다. 남편이라는 말은 정당한 남녀 관계를 법적으로 인정하는 의미다. 메기는 단 한 명의 남자와도 불륜을 범한 적이 없다. 전에 메기의 남편이 누구였는지 알고 있는 사람은 별로 없다. 메기의 사생활에 관심을 가질 사람도 없다. 다섯이든 열이든 상관할 일이 아니다. 예수께서 귀하게 찾고 있었으면 아무도 부정하게 봐서는 안 된다. 한 집에 남녀가 산다는 것이 형편에 따라서는 망측스럽다고 할지 모른다. 그러나 경우에 따라서는 얼마든지 아름다울 수도 있다.

메기는 일과가 정해져 있다. 아침 기상과 함께 식사 준비를 한다. 주인이 일 나가는 시간이 먼저다. 그 다음에 아이들이 학교에 간다. 그리고 작은 아이를 골목 놀이터에 데려다 놓으면 저희들끼리 논다. 그 다음에 집안 청소를 하고 나면 정오가 된다. 그 오후부터 메기의 시간이다. 우선 물부터 길어 오려고 우물을 향해 나선다. 메기는 습관처럼 노래를 부르면서 발걸음을 옮겨 간다. 당연히 메시야 찬가이다. 몇 번을 반복하는 동안에 우물에 닿는다. 물을 길러 오는 시간은 오후 첫 시간이다. 아침과 저녁 시간에는 일을 하는 시간이다. 물을 긷는 것은 일하는 것이 아니다. 밥을 먹는 것도 일 하는 것이 아니다. 잠을 자는 것도 일은 아니다. 학교에 가는 것도, 회당에 가는 것도 일이 아니다. 숨을 쉬는 것이 일이 아니듯이 일이 아닌 것이 인간에게 일보다 더 중요하다. 일은 필요하기 때문에 하는 것이다. 숨 쉬고 밥 먹는 것은 필요에 의해서 하는 것이 아니다. 그것은 사는 것이라고 한다. 일하는 것과 사는 것은 연결은 되어도 같은 의미는 아니다. 메기의 외출은 그 시간뿐이다. 좀처럼 밖에 나갈 틈이 없었다. 메기의 오후는 하루의 시작이다. 오후 그 시간에 메기는 자기를 확인한다. 오후에 자기가 메시야 찬가를 부른다는 확인이 곧 자기의 인생이자 일과다.

어느 날 오후가 시작될 무렵 언제나 하던 대로 우물로 가고 있었다. 좀처럼 그 시간에는 우물가에 사람이 없다. 그런데 그 날은 한 유대인이 거기에 앉아 있었다.

왜 혼자인지 알 수 없으나, 어쩐지 혼자인 것은 마음에 걸렸다. 자기와 상관없는 일이 아닐 수도 있었다. 물을 길어서 떠나오려는데, 그 유대인이 물을 좀 달라고 청했다. 물은 이미 길었으니, 주기만 하면 된다. 그런데 어쩐지 그냥 물을 주기에는 부담이 되었다. 유대인과 사마리아인은 상종하는 법이 없기 때문이다. 더구나 남녀 간에는 그런 금기가 더욱 엄격하다. 메기는 할 수 없이 물을 줄 수 없다고 그 이유를 설명했다. 메기는 무슨 일이나 대충하는 것을 싫어한다. 하지 말 것은 하지 않는다. 일이 얼마나 쉽고 어렵고 편하고 귀찮은가 그런 것으로 정하지 않는다. 사람은 무슨 일이라도 이치에 맞게 행동하는 것이 원칙이다. 지금 유대인이 목이 마르다고 물을 청한다. 그렇다면 물을 주는 것이 맞는 이치다. 그러나, 그렇게 되면 유대인이 사마리아 여성으로부터 물을 받아야 하는 불법을 행하게 된다. 그런 경우에 메기는 불법에 원인을 제공하는 자가 된다. 메기는 주는 법보다 주지 않는 법이 더 우선이라고 판단했다. 물을 얻지 못한 유대인은 메시야이시다. 물론 메기는 전혀 모른다. 물을 주는 것이 쉽고 편하다. 허나 메기는 그러지 않았다.

　메시야께서 어떻게 보셨을까? 메기는 메시야의 어머니 마리아와 나이가 비슷하다. 메기가 열아홉 살 때 예수님이 태어나셨다. 그때 메기는 메시야 탄생을 기뻐하고 감격하여 많이 울었다. 아기 예수를 죽이려고 헤롯이 유아들을 모두 학살할 때도 얼마나 많이 울었는지 모른다. 그 메시야께서 지금 메기 앞에서 물을 청하고 계신다. 메기의 오후에 메시야가 메기를 찾아오신 것이다. 오직 메시야 찬가로 삶을 가꾸며 살아가는 메기에게 생수를 주시겠다고 마음을 두드리고 있는가 하면 네 남편을 데려오라고 하셨다. 메시야께서는 단 한 번도 남의 남편을 입 밖에 내신 적이 없다. 그 우물 가에서 메기에게만 네 남편을 언급하셨다. 메기가 남편이 없다고 대답했을 때 네 말이 옳다 네 말이 진실하다고 하셨다. 그 말은 정확한 말씀이다. 그래서 메기는 변명할 가치가 있다. 그 여성의 변호는 충분히 가능한 이야기다. 그러니 可說로 쓰는 것이다.

3부

해설

解說

3부

해설 解說

예수께서 사마리아로 통행하시겠다는 것은 뜻밖에 일이었다. 갈릴리에서 예루살렘에 가려면 사마리아를 경유하게 된다. 그리고 돌아오는 길도 마찬가지다. 다만 그 땅을 밟고 가느냐 비켜 가느냐, 두 방법 중에 하나를 택하면 된다. 비켜가면 돌아가고, 밟고 가면 지름길이다. 예수님과 열두 제자가 유대를 떠나 갈릴리로 가게 된 날, 이례적으로 지름길을 택했다.

있을 수 없는 일이 생긴 것이다. 그중에 아무도 이유를 묻지 않았다. 질러가면 시간이 단축되기 때문에 말할 필요가 없었을까? 그런 것 같지는 않다. 유대인이 사마리아에 들어가는 일은 없었다. 그 당시 유대 나라는 3도가 있었다. 상이 유다이고, 하는 갈릴리였다. 그리고 중앙이 사마리아였다. 소위 그런 위치를 계란 노른자위라고 한다. 그런 좋은 땅을 탐내는 강국들이 침략을 하는 것은 세상이 다 하는 짓이고 아는 사실이다.

사마리아는 그 피해를 입었고 아픈 상처로 얼룩졌다. 그것은 사마리아만의 문제가 아니라, 유대 나라의 비극이었다. 그러나 유대인들은 절대로 그렇게 생각하지 않고 사마리아를 버렸다. 그 길로 다니지 않는 데 그치지 않고, 모든 교류를 끊었다. 그러던 어느 날 예수님이 사마리아로 처음 개통을 시도했다. 그런 파격적인 일에 제자들은 자기 스승을 믿고 따랐다. 그러나 예수님은 단순한 통과를 하는 것이 아니라, '메시야 행차'를 강행한 것이었다.

예수님은 평소에 사마리아 사람을 좋게 평가했다. 그것은 제자들도 공감하고 있었다. 예수님의 선한 사마리아 사람 이야기에서 유대 제사장과 사마리아 서민을 두고 누가 더 선한가를 비교하였다. 그 이야기는 유대인의 위선과 외식을 폭로하여 상대적으로 사마리아를 비호한 것이다. 그런 비유가 아니라도 열 문둥병자 이야기에서도 사마리아인과 유대인을 1 : 9의 비율로 차별한 적이 있었다.

예수님의 의도는 사마리아 사람이 유대인을 싫어하는 것이 아니라는 것이다. 유대인이 사마리아에 이방인의 피가 혼합되었다는 이유를 들어 배격한 것이다. 하지만 그것은 사마리아인의 잘못이 아니라 침략자들에 의해 피해를 입은 것이었다. 그런 사실을 외면한 무자비한 유대인이 예수님은 용서가 되지 않았다.

예수님의 사마리아 길은 초행이기는 했다. 그러나 마음은 처음이 아니었다. 지금 사마리아로 가는 것은 단순한 방문이 아니었다. 사마리아 사람들이 모르고 있는 진주를 캐러 가는 중이었다. 그리고 그곳에 큰 선물을 주시려는 계획이었다. 사마리아에는 아주 귀한 진주 하나가 흙더미에 묻혀 있다. 예수님은 세월이 가도 변하지 않는 보화를 꺼내어 사마리아를 기쁘게 해주려고 하였다.

사마리아가 당한 피해를 누군가 보상할 책임이 있다. 메시야는 그 일을 위해 한 증인을 지명했다. 사마리아의 운명과 꼭 닮은 한 여성을 찾아가는 중이었다. 그에게는 사마리아의 상처가 몸에 새겨져 있었다. 사마리아의 비극은 여성이 지고 있다. 침략자가 여성을 짓밟은 것이 그 땅의 상처고 아픔이고 비극이기 때문이다. 그와 꼭 닮은 상처투성이의 실체가 흙 속에 묻혀 있다.

그 당사자는 아무것도 모르고 흙에 묻힌 채로 고된 하루하루를 살고 있었다. 그 여성을 회복시키는 동시에 사마리아를 살려내려는 것이 메시야 행차의 이유였다. 그 일에 큰 몫을 할 그 여성을 찾은 것이다.

사마리아가 짓밟힌 만큼 무시당한 가련한 여성을 아무도 모른다. 그는 세상에서 가장 많은 아픔을 겪었다. 그럼에도 아직 고운 심성으로 우는 아기를 돌보는 보모로 살고 있었다. 예수님은 그 여성을 만나서 아픔을 씻어 주려고 그리로 행로를 잡았다. 물론 그 여성은 아무것도 모르고 메시야만 기다리고 있었다. 예수님은 여인의 후손이다. '유대인에게는 마리아의 몸에서 나셨고, 사마리아인에게는 그 여성의 기다림'으로 오시게 되기 때문이었다.

사마리아는 동족으로부터 버림을 받고 민족의 정체성을 상실한 채 억울하게 살았다. 유대민족이 싫어하니 이방인도 외면했다. 여기도 저기도 갈 데 없는 가엾은 유랑민으로 고립되었다. 민족의 회복을 위한 메시야 출현이 유일한 희망이었다. 그 서광이 사마리아 수가성 야곱의 우물가에서 태동이 되고 있다.

한 여성이 평소대로 물을 긷기 위해 야곱의 우물 가로 나오고 있었다. 메시야이신 예수님은 이미 그 자리에 도착하여 그 여성을 기다리고 있었다. 그 여성은 아무것도 모른 채 자기 일을 하고 있었다. 예수님이 먼저 물을 좀 달라는 말로 대화가 시작되었다. 그러나 물을 주는 일은 없었고, 대화만 계속되었다. 차츰 대화는 진도를 나갔다. 마치 주도면밀하게 준비되어 있던 학습과정을 따라가는 것처럼 진행되었다.

그 과정을 상세하게 해설을 해볼 필요가 있다는 호기심이 생겼다. 예수님은 진리시다. 모든 이치는 진리의 범주 안에서 이해되고, 해석이 되는 것이 마땅하다. 진리는 절대적인 법이요, 힘이요, 가치다. 예수님의 계획되고 절제된 철저한 학습 방식을 이치에 맞게 14단계로 배열하였다. 사람에 따라서 얼마든지 다르게 나열할 수도 있다. 가능하면 쉽고 편하게 예수님의 의중이 바르게 이해되기를 바랄 뿐이다.

1. 사리 - 중요한 일이 있다.

2. 심리 - 주변을 비워 달라 .

3. 생리 - 행인의 물 요청.

4. 처리 - 쉬운 길 바른 길.

5. 도리 - 해법보다 정법.

6. 순리 - 길이라면 직행.

7. 합리 - 알고 모르고 그리고.

8. 역리 - 주객이 바뀐 대화

9. 무리 - 없는 물을 요청

10. 의리 - 신분 청산 신상보증

11. 원리 - 권위자 인정

12. 정리 - 이도 저도 아니다.

13. 섭리 - 하나님은 찾고 있다.

14. 진리 - 내가 곧 '그'로라.

메시야 학습 프로그램

a. 사마리아로 가신 예수님일까?

b. 사마리아에 끌린 예수님일까?

a도 b도 정답으로 보고, 한 여성을 집중적으로 조명해 본다. 이치에 맞지 않는 말은 망언이다. 이치가 없이 하는 말은 궤변이다. 내가 망언이나 궤변을 한다면 한심한 사술이 된다. 그런 부담을 안고 이

런 글을 쓴다. 내가 그 여성의 변호라는 것도 이치에 맞게 설명하려고 14과정으로 꾸렸다. 그 순서에 따라 설명을 하여 아무 의혹이 생기지 않게 하고 싶다. 그리고 메시야의 가장 아름답고 진실한 이야기를 사실적으로 풀어 보려고 한다.

1. 事理

예수님이 사마리아에 가실 일이 생겼다. 가실 일이 생긴 것이 아니라 일을 만드시려고 가신 것이다. 그 일은 한 번으로 지나갈 일이 아니다. 예수님이 메시야 자격으로 공식 행차한 것으로 보는 것이 옳다. 그렇다면 사리에 맞는 원칙이 있다. 우선 아무 시행착오가 없이 그 과정이 공개되어 진행되어야 마땅하고 성사가 완벽해야 된다. 사리의 개요는 메시야 직무가 일차적이다.

유다와 사마리아는 한 민족 한 전통이다. 그러므로 메시야 신앙도 같은 것이다. 메시야의 탄생은 유대땅 베들레헴에서 일어났다. 그것이 사마리아와 무관하지는 않다. 그 땅이 곧 그 땅이기 때문이다. 메시야는 나누어 가질 수 없는 하나로 존재한다. 사마리아에 가신 것은 특별 행차가 아니다. 사리는 분명한 목적이 있다. 그러나 아무 설명이 없었다. 제자들은 아무 질문도 하지 않았다. 자기 스승을 전적으로 믿고 따랐다. 메시야의 작업은 합의하는 것이 아니다. 오직 메시야의 권한에 속하는 일이다.

다만 그 일만은 아주 정확하게, 가장 의미깊게 시작되어야 한다.

그런 방침까지 비공개리에 이루어졌다. 그리고 사리의 압권은 목적인 메시야 공개이다. 무슨 일이든 목적이 생명이다. 목적 달성은 가장 원만한 방법으로 이루어져야 한다. 가장 자연스럽고 아무 의혹도 없이 투명하고 확실하여야 한다. 방법은 물론 절차에도 차질이 생기면 안 된다.

2. 심 리

사마리아에 메시야 선포를 직접 발표할 수도 있다. 그 성의 중앙 광장 같은 곳에서 큰 소리로 "내가 메시야니라"하고 선포하지 말라는 법은 없다. 모든 백성은 나와서 나를 보라고 외치는 방법도 있다. 예수님은 예루살렘 명절 때 도시 중앙에서 큰 소리로 "누구든지 목마르거든 내게로 와서 마시라"고 외친 적이 있다. 사마리아에서도 그렇게 못할 이유가 없다. 그러나 사마리아에서는 사마리아 정서를 따르기 위해 가장 사마리아 사람다운 인물을 골랐다.

그 계획이 적중하여 사마리아 역사상 가장 감동적인 축제가 열리게 되었다. 그 과정에 심리적 작용이 역할을 했다. 사람과 사람이 만나는 것은 용모보다 이름보다 용건보다 마음의 자세가 중요하다. 마음이 불편하면 마음을 닫아 버리기 때문이다. 그러면 아무 일도 되지 않는다. 마음이 불안하면 마음이 흔들려 사태가 악화된다. 그러면 일이 실패한다. 그만큼 심리가 인간이 하고자 하는 모든 일에 힘도 되고 방해도 된다.

예수님 일행이 사마리아에 도착하자마자 제일 먼저 한 일은 심리전이다. 처음 발이 닿은 곳이 수가성 우물이다. 거기서 무슨 일을 어떻게 하게 되는지 아무도 모른다. 오직 예수님 혼자서만 계획하셨다. 그곳에서 만나게 될 사람은 사마리아 한 여성이다. 물론 일행 중에서는 여성이 한 명도 없다. 제자들은 예수님을 포함하여 모두 남성들뿐이다.

예수님이 거기서 처음 한 일은 제자들을 마을로 보내어 점심을 사오라고 심부름을 시킨 일이다. 그것은 곧 주변정리다. 그 여성이 남성들이 웅성댄다면 접근을 못할 것이다. 그러니 사전 작업을 한 셈이다. 거기서 만나야 될 여성에게 심리적 부담을 덜어 주려는 예수님의 배려이다.

사람과 사람의 만남은 무엇보다 심리적 안정이 필요하다. 심리적 장애가 조금이라도 생기지 않게 사전에 예방하는 것이 원칙이다. 예수님의 일행은 모두 유대인이다. 만날 여성은 사마리아인이다. 유대인 남자를 사마리아 여성이 만나기는 어려운 것이다. 하지만 예수님 혼자 뿐이라면 상황이 달라질 수도 있다.

어떤 이유라도 유대인을 꺼리는 것이 사마리아인의 정서다. 더구나 남성과 여성의 만남은 더욱 그렇다. 그런 이유 때문에 예수님의 학습은 철저한 준비와 효과적인 방법으로 상대방의 심리적 안정을 고려한 것이다. 그런 것이 만남의 이치가 된다.

3. 생 리

인간과 인간이 만날 때 첫인상 첫인사 첫언사가 모든 것을 좌우한다. 더구나 초면인 경우는 그런 매너가 결정적일 수 있다. 흔히 눈높이라는 말을 자주 쓴다. 그러나 초면이라면 그것도 쉽지 않다. 하지만 사전에 충분히 검토하고 준비하는 전문가라면 말이 다르다. 일반적으로는 어떤 말을 먼저 꺼내는 것이 좋은가 그것만은 꼭 알아 두어야 한다.

여기서 예수님은 물을 좀 달라고 한다. 이 말은 모든 사람이 배워야 할 처세술이다. 만나자마자 뭣을 달라고 하는 것은 좀 우습다. 그러나 그것이 물이라면 말이 달라진다. 예수님은 물을 달라고 요청했다. 그것은 고도의 매너다. 그 이유는 그것이 생리적 요청이기 때문이다. 인간이 산다는 의미 중에 생리보다 더 중요한 것은 없다. 목이 말라서 물을 청하는 것은 절대로 무례하지 않다. 그것도 샘 곁에서라면 그것보다 더 적합한 말이 없다. 그 여성이 보기에는 상대방이 남성이기 전에 한 인간이었다. 목이 말라서 물이 요구되는 평범한 인간이었다. 인간에게는 윤리적 요청보다 생리적 요청이 더 우선한다. 예수님은 메시야이시니 성경 이야기로 말문을 열 수도 있었다. 그러나 그러지 않고 물을 청했다. 이것이 얼마나 인간답고 진실한 매너인지를 알아야 한다.

기독교인이 입만 벙긋하면 종교 술어, 또는 교회 용어가 줄줄 새어나는 것도 생각을 해볼 일이다. 그런 것은 종교 중독이지 정상적인 신앙인의 모습은 아니다. 예수님의 물 좀 달라는 어법을 배웠으면 좋겠다. 가장 순수하고 겸손하며 인간적이며 현실적인 접근법이다. 삶이 무엇인지 아는 수준 있는 처신이다. 거기서 아무리 고상한 말을 해도 일이 풀려 가기는 어렵다.

생리적이라는 말을 육감으로 혼동할지도 모르겠다. 인간은 일분 일초라도 생리를 벗어 날 수 없다. 생리적 인간이 기본적이다. 사람이 서로 만나면 악수를 한다. 그 스킨십은 생리적 접촉이다. 차 한 잔 밥 한 끼, 그것도 생리적인 표현이다. 인간을 존중하는 것도 그런 식으로 이해하면 순수하여 수준 있는 반응을 기대해도 된다.

4. 처 리

생리라는 것은 처리라는 해법 장치가 필수다. 생리가 처리되지 않으면 미치고 환장하는 수가 있다. 목이 마른데 물이 없다면, 배가 고픈데 밥이 없다면 화장실이 급한데, 몸에 열이 나는데, 인생은 항상 그런 욕구에 시달린다. 어떤 생리적 요구라도 처리가 되는 것이 삶의 기본이다. 처리가 잘되는 사회가 문화적이다. 처리가 잘되는 제도가 과학적이다.

따지고 보면 인간의 욕구의 처리라는 제도를 국가에서는 제대로 하지 않는가 싶다. 만약 그 처리가 제대로 되지 않으면 사회 문제가 된다. 경찰이 있고 감옥이 있는 것은 처리 불균형 탓이다. 감옥은 욕구를 보다 기술적으로 처리하는 교육을 통해서 사람들을 교화하려 한다. 그러나 그런 방법이 더 방해가 될 때도 있다. 예수님은 물을 청했다가 거절을 당한다. 물이 없어서 못 주겠다는 것이 아니라 물은 손에 들고 있는데 줄 형편이 못된다고 한다. 예수님은 그런 불행한 사태를 예상하고 물을 청했는지도 모른다.

예수님은 그 불행을 시작으로 메시야 작업을 풀어 간다. 물을 주지 못하겠다는 여성의 말은 조금도 악의가 없는 선의라는 점이 아주 중요한 교훈이다. 생리의 문제는 반드시 처리로만 해결되지 않는다.

처리는 단순한 해법이다. 그러나 그보다 더 고등한 해법도 있다. 예수님은 물을 얻어 마시지 않았다. 처리가 되지 않았다. 그 뒤에 제자들이 먹을 것을 사 왔다. 예수님은 그것도 사양했다. 제자들이 누가 음식을 주더냐고 물었다. 예수님은 아니라고 답했다. 물을 마시지 않고 밥을 먹지 않아도 생리적 갈등이 해결되는 수가 있다는 것을 입증하고 있다.

5. 도 리

그 여성은 물을 아낄 생각이 아니라 주고 싶었다. 물을 줘도 보는 사람이 없었다. 그런데 그 유대인을 보노라니 그럴 수가 없었다. 어찌나 착하게 생겼는지 감히 자기 같은 사마리아 여자가 그분의 체면에 흠을 내게 하기는 싫었다. 아무리 목이 마르다 해도 체면 손상에 비하랴 싶었다. 처리보다 도리로 해법을 찾은 것이다. 예수님은 무척 고마웠을 것이다.

유대인은 여성과 대화도 장소를 가려서 한다. 심지어 자기 아내나 딸이라도 집 밖에서는 인사조차 하지 않는다. 그런 것을 유대인은 멋으로 삼았다. 생리적 욕구의 강적은 성욕이다. 그도 역시 처리가 보편적 수단이다. 그러나 많은 수도자들도 있고 승려도 있다. 생리적 욕구가 처리 외에도 억제, 극기, 체념, 수양 등으로 능히 해결되고 있다. 처리가 생리 해결의 만능은 아니라는 것이다. 일반 생물의 살아가는 이치는 욕구와 처리밖에 없다. 그러나 인간에게는 처리 외에 도리라는 것이 하나 더 있다.

6. 순 리

예수님은 물 처리를 하지 못했다. 도리로 수용하고 순리로 대처했다. '나는 유대인 중에서도 생각이 다르니 관습 따위는 깨어도 상관없다. 그러니까 물을 도로 달라'고 하여도 된다. 예수님의 제자들은 시장하여 안식일 법을 어긴 적도 있다. 그럴 때 자기 제자들을 나무라지 않고 도리어 유대인들을 설득했다. 그러나 사마리아에서는 그 여성의 도리를 따랐다. 예수님은 항상 순리적이다. 한번은 전쟁이야기를 하셨다. 전쟁은 무조건 이겨야 하는 숙명적이며 원칙이다. 그런데 아군 병력은 일만인데 상대 병력은 이만이다. 그럴 때는 싸움을 하는 것이 아니라 먼저 화해하라고 하셨다. 싸움이란 승패 중에 하나다. 누가 되었던 하나가 이기면 하나는 지게 되어 있다. 이것이 순리다. 약자가 지는 것이 순리라는 뜻이기도 하다.

억지를 부리는 것은 신앙이 아니다. 물을 얻어 마시지 못한 것도 창피한 것이 아니니 순리라고 생각한다. 물을 주지 않아서 죄송하고 민망하지만 그것이 푸대접이 아니라는 뜻이다.

7. 합리

물 길러 온 사람은 물을 길렀으니, 이제 자기 집으로 돌아가면 된다. 물을 달라 했으나, 얻지도 주지도 못했으니, 용무가 끝이 났다. 그런데 두 사람은 대화를 계속한다. 사전에 약속한 것은 전혀 없었다. 왜 그럴까? 그 여성은 돌아갈 사람이다. 그런데 가지 않는다. 예수님의 일행이 돌아올 시간이다. 그런데 그 여성을 붙잡고 계속 대화를 한다. 무슨 일일까? 말싸움을 하여 이겨 보려는 것일까? 그런 것은 아니었다. 대화 중에 신뢰가 형성되고 합리가 도출되었기 때문이다. 일이 풀리는 것이 아니라, 생각이 뚫리고 말이 통하는 것이 아니었을까 싶다. 두 사람이 무슨 일을 꾸미는 것은 아니었다. 아무 요청도 아무 압박도 아무 기대도 없이 서로 놓지 못하는 대화를 하게 만드는 합리를 설명하기는 어렵다. 그러나 확실한 것은 어느 쪽이 갑인가 하는 점이다. 여성은 끌려가고 있었다. 하지만 여성은 그것을 모른다. 갑은 여성이 아니다. 갑은 합리라는 수레에 여성을 태웠다. 갑은 아무 동요도 느끼지 않게 그 여성을 인도하고 있다.

그 합리가 어느새 신념으로 이동하고 있다. 갑은 메시야시다. 목적 달성을 위해 '나를 믿으라' 하고 설득을 하지 않았다. 아주 자연스럽게 메시야가 이끄는 고지로 즐겁게 올라가도록 을을 응원하는 중이었다. 처음 보는 유대 남성이 메시야임을 모르고도 아무 의혹도 없이 순순히 따랐다. 그 이치를 합리라고 해석해도 된다. 좀 더 적극적인 해석은, '동화가 된다'라고 하든가 혹은 '신앙'으로 봐도 된다.

8. 역 리

갑의 수레가 우물 가에서 시작하여 산 정상까지 올랐다. 갑은 수레의 방향을 아래 쪽으로 돌렸다. 지금부터는 내리막길이다. 내리막은 쉽기는 하지만 위험하기도 하다. 그러나 잘만 하면 그렇게 재미있는 일도 드물다. 갑은 을에게 지금까지의 대화보다 더 신나는 제안을 한다. 조금 전까지는 갑이 을에게 물을 청했다. 지금은 갑이 을에게 물을 주겠다고 한다. 주객이 바뀐 것이다. 갑자기 사태가 곤두박질을 한다.

그렇게 됐다면 을은 집으로 도망을 가야 된다. 무슨 말도 되지 않게 자기가 무슨 재주로 물을 주겠다는지 웃기는 일이다. 그런 생각에 을이 갑에게 당신이 어떻게 물을 줄 형편이 되느냐고 물었다. 그러고도 을은 달아나지 않았다. 이는 계속 매달리는 것이 싫지 않다는 뜻이다. 갑은 수레를 역주행으로 즐기고 있는 중이다. 을도 역시 갑의 수레를 즐기고 있었다.

많은 운동 애호가들이 경기를 관람하는 데 가장 열광하는 장면은 역전승이다. 특별히 야구를 좋아하는 팬들 중에는 후반 경기만 즐기

기도 한다. 심지어 9회 말 경기를 보는 재미는 어떤 경기도 따라오지 못한다고 했다. 역습, 역전 그런 것과 통하는 흥미가 역리도 가지고 있다. 예수님의 설교는 거의가 역리적 구성으로 되어 있다. 갑의 역리는 을의 호기심을 충족시키기에 넉넉한 매력이 있었다.

9. 무리

역리보다 한 단계 더 재미있는 것은 말도 안되는 모험 수준이다. 경기에는 이변이라는 것이 있다. 인생도 이변이 흔하다. 말도 성립되지 않는 말을 무리라고 한다. "할 수 없다", "그럴 수 없다", "그런 사례가 없다" 등의 말을 무색하게 만드는 경우가 얼마든지 있다. 도리가 없다는 말이 무리다.

무리는 역리보다 한 수 위다. 갑이 을에게 '내가 주는 물은 영원히 목 마르지 않는 생수'라고 했다. 그런 물은 어디에서도 들어본 적이 없다. 그렇다면 을은 '농담 마시라'고 하면 된다. 그런데 더 흥미로운 것은 을이 '그런 물을 달라'고 조른다는 것이다. '무리'가 또 '무리'를 부른 것이다. 세상은 그런 무리 때문에 유지되고 있는지도 모른다. 갑은 메시야다. 무리를 진리로 끌고 가는 분이시다.

10. 의리

그런 물이 있건 없건 그것은 문제가 아니다. 그 여성이 극심한 갈증을 해결할 수 있다는 갑의 말을 믿는다는 것이 중요하다. 갑은 드디어 올 만큼 왔다는 것을 알았다. 그 물을 준다면 받을 수 있는 그릇이 필요하다. 그것은 그 여성의 마음이다. 그 여성은 아직까지 한 가지도 바로 갖춘 것이 없다. 신분도 신변도 신상도 누가 보증할 사람이 없다. 여성의 신변은 남편이 보증한다. 그래서 남편을 데려오라고 했다. 남편의 보증하에 무엇이든지 할 수 있기 때문이다.

그런데 남편이 없다고 한다. 남편이 없으면 과부다. 그런 근거만 확실해도 과부라는 신분으로 행사할 수 있다. 성경에는 과부의 명단이 있다. 그중에 사렙 땅 과부가 있다. 하나님이 엘리야를 그 집에 보내어 보호를 받게 한 사건은 유명하다. 남편이 가정의 대표이고 남편이 없으면 과부도 가정의 대표이다. 갑이 을에게 한 인간의 자격을 보증할 의리를 수여하는 순간이다.

갑은 을의 과거를 낱낱이, 숫자까지 밝히면서 신변을 증명한다. 전에 남편 다섯을 갑은 그 이름까지, 어떻게 헤어졌는지 내력까지 다 안다는 것을 그 여성에게 고해 주었다. '네 말이 옳다', '네 말이 진실하다'라는 증언을 하였다. 그러므로 생수를 줄 만한 의리가 결성되었다.

11. 원리

그 여성은 감격했다. 자기 생애 중에 가장 환하게 밝고 감동적인 오후이다. 유대인 남성인가 싶더니 훌륭한 선생 같았다. 그런가 했더니 자기의 신상을 훤히 꿰뚫어 보고 있으니, 필시 하나님의 선지자가 확실했다. 그 자리에서 엎드려 '내가 보니 이스라엘의 선지자로소이다'라고 고백한다. 지금까지는 신앙적인 대화는 한 마디도 하지 않았다. 이런 귀한 선지자를 뵈셨으니 신앙의 근본을 타진하고 싶었다. 그동안 수없이 고민하고 갈등해도 답을 얻지 못한 문제를 용감하게 터뜨렸다 .

아무도 답을 주지 못한 한맺힌 질문을 기어이 토하게 되었다. 사마리아 성전과 예루살렘 성전, 두 성전의 예배가 같은지 다른지 알아야 되겠다고 요구했다. 지금까지 그 대답을 해준 사람이 없었다. 이유는 유대인에게는 예루살렘 성전이 정답이고, 사마리아 사람에게는 사마리아 성전이 정답이기 때문이다. 누구나 자기편을 주장하는 것이 당연하다. 상대편을 들면 배신자가 된다. 그래서 답이 없다. 그런데 의로우신 선지자께서는 '여기서도 말고 저기서도 말라'고 답을 주었다. 그렇다면 둘 다 같다는 뜻이다.

그 여성은 가슴이 확 뚫렸다. 그동안 갈망한 것은 둘 중에 한 가지를 골라 달라는 주문이 아니었다. 하나님은 한 분이시다. 절대로 나눌 수 없다. 하나님은 원리시고 근본이시다. 원리가 나눠지고 근본이 깨어지면 세상에는 그 어떤 것도 존재하기 어렵다. 그동안 수없이 고민하고 갈망한 것이 사실은 다르지 않다는 답이었다. 다를 수 없는 하나님, 다르면 안 되는 신앙이었다. 여기서도 말라 했고 저기서도 말라 했으니 무승부로 판결이 났다. 그것이 원리라는 정답이다.

12. 정리

드디어 신앙의 원리를 알게 되었다. 하나님은 영이시니 신령과 진정으로 예배하는 것이라고 했다. 영은 경계가 없다. 신령은 차별이 없다. 진정은 장벽이 없다. 그러나 예루살렘, 사마리아는 한갓 지명일뿐이다. 신앙에는 어떤 곳이라도 상관이 없다. 깨끗이 정리가 되었다. 장소의 정리가 진정한 정리가 아니다. 하나님과의 관계가 어떻게 되는지 그것이 정리가 되어야 한다. 선지자는 더욱 상세하게 정리를 해주었다.

예배란 인간이 하나님께 드리는 거룩한 예식이며 신앙의 정당한 표현이며 태도이다. 그러나 예배의 목적은 하나님의 영광이다. 그 옳고 그름은 하나님이 결정하신다. 예배는 받으시는 분이 판단하게 된다. 신령과 진정으로 예배하고 있는지 어떤지는 하나님이 보시고 찾으신다고 밝혀 주었다. 그렇다면 정리가 더욱 확실하다. 예배의 주인은 하나님이시다.

기도라는 것도 역시 예배의 의미와 상통한다. 기도는 오직 하나님께만 드리는 것이다. 기도를 듣는 쪽이 기도의 주인이다. 듣지 않는 기도는 기도가 아니다. 예배도 상달되지 않는 예배는 예배가 아니다.

13. 섭리

궁극적으로 예배는 개인과 하나님의 관계다. 모든 성도가 함께 예배를 드린다 해도 하나님은 집단으로 보는 것이 아니다. 하늘의 별을 헤아리시고 사람의 머리카락을 헤아리시는 분이시다. 두 사람이 맷돌을 갈고 있는데, 하나는 데려가고 하나는 버려 둔다고 했다. 두 사람이니까 한 사람이지 열 사람이면 다섯 사람만 데려갈 수도 있다. 예수님의 비유 중에는 다섯과 다섯으로, 절반은 가고 절반은 남는다고 되어 있다.

하나님이 예배하는 전원을 다 받아 준다는 말은 아니다. 예수님의 경고에도 "나더러 주여 주여 하는 자마다 천국에 다 들어가는 것은 아니라"고 분명히 강조하셨다. 선지자의 마지막 희소식은 '이렇게 자기에게 예배하는 자들을 찾으시느니라'는 짧고 분명한 결론이었다. 자기에게 어떻게 예배하는지 일일이 점검하신다는 뜻이다.

성전, 또는 교회당에서 예배하는 것은 일정한 시간과 일정한 공간적인 제한이 있다. 그리고 그 한정된 범위를 제한받는다. 예배는 교인이 주일 아침 집에서 출발할 때부터 예배가 시작되는 것으로 간주하는 것이 옳다.

그렇다면 교회에 와서 자리에 앉는 순간은 예배자의 성숙도는 상당히 높은 셈이다. 예배시에 마음의 성숙한 정도는 인도자보다 교인이 높을 수도 있다. 인도자는 의무적이다. 그러니 예배를 선택하는 교인의 성숙도에 미치지 못할 가능성이 높다. 예배에 있어서 인도자가 필요 이상의 시간 사용이나 말을 절제 없이 쏟아 내는 것은 예배를 드리러 나온 대중의 정서와 성숙도를 지나치게 낮게 보기 때문이다.

예배를 통해서 교인들은 자기의 허물과 죄를 자복한다. 그런 경건 중에서 자기 신앙을 점검한다. 그리고 하나님과 자신의 관계를 체험하게 된다. 그리고 설교를 들으면서 섭리를 확인하고 많은 결심을 끌어낸다. 갑은 을에게 마지막 통고를 한다. 하나님은 너처럼 편견 없는 진심을 품고 예배하는 자를 찾고 계신다. 그런데 아마도 지금 네가 그런 자리에 있는 것 같다. 그러니 하나님은 너를 보고 계시는 것이 틀림없다고 알려준다. 이렇게 좋아도 되는 것인지 정신을 차릴 수가 없다.

14. 진 리

자기 평생 이런 날이 또 있으랴 싶다. 품고 있던 마음속을 다 터뜨리고 싶었다. 자기가 배웠고 믿고 품고 살던 메시야가 오시면 모든 것이 해결된다는 포부를 입 밖으로 쏟아 놓을 준비가 완료되었다. 지금까지 속에만 품었던 소중하고 아끼는 보물이 메시야 선언이었다.

자기가 열아홉 살 때 탄생하신 메시야가 지금쯤 30대가 되었을 것이다. 한 번도 본 적은 없으나 마음속에는 한순간도 떠난 적이 없다. 메기는 폭탄을 터트리듯 화들짝 일어섰다.

그리고 또렷하게 "네 맞습니다! 다 옳습니다! 메시야가 오시면 모든 것이 선지자님의 말씀처럼 해결될 것입니다. 그날은 이 갈증나는 내 인생도 영원히 목마르지 않게 생수가 터질 것입니다." 그렇게 말을 하는 순간에 그 여성은 감격을 추스를 수 없는 흥분에 휩싸였다. 앞에 앉았던 그 선지자가 자리에서 일어났다. 그리고 자기를 바라보시면서 말씀하셨다. "네가 기다리는 메시야가 곧 내로라"고 밝히셨다. 놀랐다는 말로는 표현을 할 수가 없었다. 내가 지금껏 보고 듣고 묻고 했던 그분이 누군 줄도 몰랐다는 것이 큰 죄를 범한 것 같다.

자기를 '메시야' 라고 공개하시기 위해서 험난한 땅에 오셔서 미천한 자기를 찾아 주신 은혜와 자비를 주체할 수가 없다. 그 여성은 지금까지 자기가 메시야의 환대를 직접 받고 있었다는 것이 너무나 감격해서 손에 들고 있던 물동이를 던져 버렸다. 아무 말도 할 수가 없어서 성으로 달려갔다. 많은 사람 앞에서 "나의 과거, 나의 모든 것을 다 말해준 그분을 보십시오! 그분이 메시야이십니다!" 라고 외쳤다 .

온 사마리아가 순식간에 술렁이기 시작했다. 메시야가 나타났다는 소문으로 사마리아가 물끓듯이 소용돌이쳤다. 진리의 봉화가 사마리아를 밝게 비추고 있었다. 드디어 메시야가 사마리아에 오셨다는 환영의 물결이 강물같이 출렁거렸다. 사마리아 사람들은 그 여성을 높이 치켜세웠다. "너의 말이 고맙다. 너의 수고를 지금부터는 우리가 대신하겠다"라고 나섰다. 메시야를 선포하는 일은 우리들 모두의 일이라고 다투어 앞장을 섰다.

4부

—

부설
附說

4부

부설 附說

마무리를 하는 부언을 쓰려다가 앞부분과 격식을 맞추려고 부설로 쓴다. 그렇게 쓰면 말을 몇 마디 더 달아도 될 것 같아서 좋다.

인간은 누구나 잘 되려고 노력한다. 잘되는 것이 목표다. 당연하고 좋은 것이다. 그렇다면 잘되는 것이란 무엇인가? 그 정의는 말하는 사람에 따라서 다를 것 같다. 그러나 대체로는 자기 꿈을 실현하는 것을 그렇게 표현하는 것 같다. 어떤 사람들은 꿈을 모르고 살기도 한다. 그래서 무슨 일이 잘되고 나면 그것이 자기 꿈이었다고 말한다. 순서가 바뀐 것 같지만 그것도 생각하기에 따라서는 기발한 생활 방식일 수도 있다.

문제는 잘되면 뭘 하는가. 거기에서 인생관이 결정된다. 잘되는 것은 저 혼자의 힘으로 되기는 어렵다. 잘 되게 도와준 사람들과 잘됨을 공유하는 것이 잘되는 것의 의미이고 가치이다. 우리 주변에는 잘 되기는 했는데 욕바가지를 뒤집어 쓰고 사는 사람들이 꽤 많다. 그것을 죄라고도 하고 죄 값이라고도 한다. 나쁜 짓을 하는 것은 죄가 아니라 악이라고 한다.

죄와 악은 구별된다. 죄는 바이러스 같은 것이고, 악은 질병이라고 생각하면 된다. 죄는 있는 것이다. 죄는 다스리면 되는 것이다. 악은 해결해야 되는 문제이다. 죄는 잠재력이고, 악은 사고라는 것, 즉 사건을 의미하는 것이다. 죄는 눈에 드러나지 않는 것이므로 선도하고, 악은 눈에 드러날 뿐 아니라 파괴력이 있으므로 압박하고 처벌한다. 죄는 해결되는 것이 아니다. 인간이 산다는 것 그 자체가 죄 덩어리다. 그 환경은 죄 구덩이다. 인간이 꿈틀거리는 것만큼 죄도 발동한다. 보는 것만큼이 죄의 영토이고, 생각하는 것만큼이 죄의 영역이다.

그래서 인간에게는 총체적인 통제가 필요하다. 세상에서 제일 위험한 인간은 자기가 자기를 통제하겠다는 인간이다. 그런 인간이 절대 다수로 활개를 치는 것이 세상이다. 기독교가 존재하는 이유는 그런 인간을 도와주려는 것이다. 그런 인간을 지도하고 지원하려는 것이다. 그것이 기독교가 존재하는 이유다. 그런데 기독교가 그 역할을 잘하고 있는지가 문제이다.

'기독교'라는 말보다 예수교가 더 이해하기 쉽다. 예수는 고유 명사이고 기독, 즉 그리스도라는 말은 직무이기 때문이다. 예수 그리스도가 풀 네임인데 '메시야' 라고 표기하면 원칙적인 의미가 다 살아난다. '메시야' 라는 말의 희랍어 번역이 그리스도이고, 메시야가 곧 예수이니까, 지금부터 메시야를 부설의 주제로 삼으려고 한다.

현대 기독교는 메시야를 제대로 전하지 못하고 있다. 메시야를 대충 이야기하는 것은 메시야를 모르는 것보다 더 못하다. 메시야를 무시하고 조롱하는 사례도 너무 많다. 누구의 잘못이라고 책임을 물을 일도 아니다. 우선 메시야 출범에 대한 이해부터 불투명하다. 메시야는 태어나서 30년간 아무 일도, 아무 말도 하지 않고 잠자코 있었다.

30년이면 인간의 한 세대로 보아도 될 만큼 긴 역사이다. 더구나 한 개인의 30년은 절대적 가치다. 그것도 생애 전반과 후반을 나눈다면 전반 30년은 결정적 가치가 있다. 그 30년 동안 메시야가 무엇을 했는지를 모르고도 메시야를 안다고 하면 기만이다. 그런 것은 몰라도 상관없다고 생각한다면 그것은 배신이다. 세상에 한 나라의 왕자도 30년을 공백 상태로 두는 사례는 어디에도 없다. 하물며 하나님의 아들 인류의 구세주를 그런 식으로 무시해도 되는지 모르겠다.

예수 30년을 아무 의미 없는 공백으로 취급한다는 것이 참 한심하고 슬프기 그지없다. 예수 30년은 속죄 제물로서 흠과 티가 없는 속죄 양으로 다듬어가는 기간이다. 예수 30년은 죽기까지 복종할 수 있는 저력을 갈고닦는 기간이다. 하나님의 뜻을 완전히 성취하려고 자기 뜻을 완전히 배제하는 극기의 기간이라고 해야 말이 된다. 이런 것을 뒷받침하는 것이 메시야의 최후 기도이다. 겟세마네 동산에서 그의 최후의 과업을 위하여 피땀이 나도록 기도한 그 내용이 "내 뜻대로 마옵시고"였다. 마지막 순간에 혹시 고통이 마음을 약화시킬까 봐 다시금 내 뜻을 억제하려는 그 의지가 잘 나타난다.

그런 극심한 고난을 어떤 방식으로 이겨 냈기에 십자가를 지고 당당하게 죽을 수 있었느냐는 것이다. 만의 하나 체력이 부실했다면 고문을 당하는 중에 죽을 수도 있다. 그런 것까지 완벽하게 다 준비 완료가 되었던 30년이다. 그 기간에 도움을 준 일등 공신은 누굴까? 전적으로 자기 혼자의 힘으로 했을까? 그렇게 생각하는 것은 말이 되지 않는다. 메시야도 영아기가 있었다. 그리고 유년기도 있었다. 강보에 싸인 채 애굽으로 피난을 갔다. 그렇다면 자기 발로 걸어서 갈 수는 없다. 준비에 도움을 받았으므로 준비를 원만하게 잘 하였다는 증거가 된다. 그 도움이 마리아와 요셉이었다는 것은 너무나 확실하다.

메시야 본인은 구체적으로 무엇을 하면서 평소 일과를 소화하셨을까 궁금하다. 유대인은 무노동 취식은 도둑과 같은 죄인 취급을 했다. 메시야도 놀고먹는 일은 없었다. 아버지와 같이 목수로 일하고 살았다. 그것은 국민의 의무다. 메시야로서 그는 아무 실수도, 아무 의혹도 없이 자기를 지키는 데 성공했다. 유대인들은 치밀하다. 어떤 잘못이 있었다면 낱낱이 파헤칠 위인들이다. 예수님은 말 한마디도 책잡힐 일을 하지 않았다. 다만 30년 동안 3일만은 자기 마음대로 행동했다.

부모도 모르게 부모의 승낙도 없이 3일간 잠적한 사건이 기록으로 남아 있다. 12살 되던 해 명절에 부모를 따라 예루살렘에 갔다가 집으로 오던 날에 생긴 이변이다. 다른 일행들은 모두 다 있었는데 마리아의 아들만 보이지 않았다. 갈릴리에서 함께 갔던 많은 사람들과 예루살렘 성을 빠져나와 돌아오려고 보니 메시야가 보이지 않았다.

놀란 부모는 일행을 샅샅이 뒤져 봤지만 메시야는 보이지 않았다. 일행 중에는 없는 것이 확실했다. 넓은 성을 다 돌아봐도 없었다. 마지막으로 성전에서 메시야를 만나게 되었다. 메시야는 성전 안에서 랍비들과 담화를 나누고 있었다. 랍비의 말을 듣기도 하고 묻기도 하고 대답도 하고 있었다.

어머니가 아들을 엄하게 꾸짖었다. 그동안 한 번도 속을 썩이지 않던 네가 왜 이렇게 엄마의 애간장을 태운 것이냐고 나무랐더니, 오히려 "왜 내가 내 아버지 집에 있어야 하는 것을 몰랐느냐?"라는 책망을 들었다. 마리아는 이 사건을 마음에 담아두었다. 예수님은 30년간 단 사흘은 자기가 하고 싶은 일을 한 셈이다. 그리고 자기가 하고 싶었던 일은 성전에 머무는 것이었다. 거기서 성경을 배우고 깨닫는 일이 꼭 하고 싶었던 일이라고 묵시적으로 알려 주었다. 이런 중대한 일은 관심 밖의 일이다. 메시야를 제대로 알아야 메시야 신자다.

그리고 또 한 가지 더 기가 막히는 사건이 있다. 그것은 역사에 메시야가 처음으로 나타나는 사건이다. 30년 준비 기간이 끝나고 공식적인 메시야 출범의 날이 있었다. 무슨 일이나 첫 출범은 비상한 관심을 모은다. 그런 메시야 출범을 똑바로 알고 있는 목사가 얼마나 있을까. 많은 목사들이 그 사건을 멋있게 꾸며서 설교를 하는 것을 수없이 들었다. 하지만 그중에 단 한 번도 메시야 출범에 대한 시원한 말은 들어 보기 어려웠다.

이런 글을 쓰고 있는 나 자신도 부끄럽기는 마찬가지다. 그러나 지금은 애간장이 타고 있다. 나도 그런 수준을 거친 사람이기는 하다. 그러나 그런 미숙한 시간은 지났다. 메시야 출범은 요한복음 2장에 단단히 기록되어 있다.

소위 가나 혼인 잔치집 이야기다. 예수께서 제자들과 공식적으로 사역을 시작하는 날이다. 그 장소가 출범식이 되는 것은, 가나에서 처음 표적을 행하였다고 기록되었기 때문이다.

대부분의 사람들은 거기서 예수님이 포도주가 없다고 해서 포도주를 만들어 주었다고 알고 있다. 틀린 말은 아니다. 그것이 중요한 이야기가 맞다. 그러나 그것은 목적이 아니었다. 포도주는 잔치집 소관이다. 예수님과 그 잔치는 아무 상관이 없다. 잔치집에서 그런 일로 예수님을 초청한 것은 아니라는 뜻이다. 그렇다면 거기에 간 이유와 목적은 도대체 무엇인가. 그것이 분명치 않아서 이런 글을 쓰는 것이다. 잔치 집에서 포도주는 처음부터 지금까지 잘 마시고 있었다. 포도주가 중간에 떨어져서 난리가 났을 때 그 급한 불을 꺼 준 사건이 아니었다. 포도주가 없어진 것을 아무도 모르고 있었다. 예수님도 모르고 있었다. 잔치를 총괄하는 연회장도 몰랐고 잔치집 주인도 몰랐다.

예수님이 포도주 때문에 갔다고 말할 근거가 전혀 없다는 것이다. 메시야 출범이 한 사가의 잔치와 상관이 있을 것이라는 예언은 없다. 그럼 그 잔치는 어떤 의미인가? 메시야 출범에 있어서 가장 중요한 의미를 부여하는 인물은 누구인가. 그 기록을 요한은 분명하게 기록해 놓았다.

예수님이 오셔서 큰 문제를 해결해 주었다. 하지만 그것이 목적이라면 기독교는 너무 웃기는 종교다. 포도주는 유대 나라 어디를 가도 쉽게 구할 수 있다. 전혀 없는 데서 포도주를 만든 것이 아니다. 어느 마을 어느 집 어떤 사람이나 마음대로 구할 수 있고 마실 수 있다. 메시야가 얼마나 할 일이 없으면 그런 시시한 일을 하려고 수백 년, 수천 년을 기다린 백성 앞에 그런 꼴로 왔다고 하느냐는 것이다. 요한은 그 잔치를 제대로 소개했다. 그러나 읽기를 잘못 읽고 있다. 우선 메시야 출범을 누가 제일 먼저 확인해야 하는가? 누가 가장 확인하고 싶었을까? 그것만 알아도 쉽게 풀린다.

그 잔치 집은 메시야와 하등의 관계가 없는 집이었다. 그런데 그 장소가 중요한 의미가 있는 장소가 되었다. 메시야의 출범과 관계가 있는 사람은 그 장소에 두 사람밖에 없었다. 첫째는 마리아다. 둘째는 자기 제자들이다. 그 외에는 예수님과 상관있는 사람은 한 명도 없다. 알지도 못한 사이다. 기대도 하지 않는 사이다. 예수께서 메시야 신고식을 한다면 그것이 언제가 되었건 우선 순위는 모친 마리아다. 예수가 메시야인 것을 정확하게 알고 있는 사람은 세상에 단 한 명뿐이다. 그 사람이 마리아이다. 메시야가 자기를 동정녀의 몸으로 탄생

시켜 준 어머니께 첫 신고를 하는 것이 순서다. 그래서 가나의 혼인 잔치에서는 마리아가 귀빈 중에 귀빈이다. 예수님은 마리아의 요청을 듣고 그분이 무엇을 원하는지 알고 그분이 바라는 일 한 가지 외에는 아무것도 한 것이 없다. 심지어 처음부터 끝까지 한마디 말씀도 하지 않으셨다.

예수님은 최후 순간 십자가 상에서도 어머니께 "보소서 아들이니이다"라고 신고를 하시며 예를 갖추었다. 당연히 출범식 즉 신고식에서도 어머니께 뭔가를 보여 주시며 어머니의 아들이 메시야이신 것을 경험하게 하셨다. 그리고 또 한 부류가 더 있다. 자기 제자들에게도 여태까지 자기들의 스승이 메시야라는 확신이 없었다. 그런 증거를 본 적이 없었기 때문이다. 어부로 살던 직업을 버리고 천국 복음에 일생을 바치기로 결심하고 처음으로 따라나선 자리였다. 비로소 가나 잔치에서 놀라운 표적을 보았다. 요한은 그 장면을 가나의 잔치 기록의 결론으로 삼아 '제자들이 믿으니라'고 썼다.

이건 마음을 기울여 좀 더 밀도있게 성경을 봐야만 알 수 있다. 그날 일어난 사건이 얼마나 간단하냐면, 단지 말 두어 마디로 모든 것이 끝이 났다. 예수님의 "물을 채우라"는 첫 번째 지시 한 마디와 "물을 떠다 주라"는 두 번째 지시, 그 두 번이 전부였다. 성경을 읽는 사람이 그것밖에 볼 줄 모른다면 차라리 성경을 덮어 두는 것이 훨씬 낫다. 성경은 신문이나 잡지처럼 흥미로운 사건을 기사로 읽는 책이 아니다. 거기에 하나님의 뜻이 어떻게 나타나 있는가? 그것을 보는 것이 성경이다. 가나 혼인 잔치에는 아무 일도 없었다. 무슨 일이 일어날 것을 마리아가 기대하고, 예수님께 부탁한 것이다. 무슨 일을 어떻게 할지는 마리아도 몰랐다.

그렇게 감쪽같이 해결해 달라고 주문을 한 것 같지는 않다. 메시야라면 그곳의 많은 사람들을 깜짝 놀라게 해주기를 바랐을 것이다. 그러나 예수님은 어머니의 요청은 받아드렸으나, 방법은 따르지 않았다. 예수님은 어머니의 요구를 아무도 모르게 해결했다. 어머니의 상상을 깨고 기상천외한 방법으로 뭔가를 보여 주셨다. 그 사실조차 아무도 모른다. 오직 하인들만 알았다. 하인들이 알았다는 것이 어떤 것인지 밝히지 않았다. 하인들은 영문을 모르고 시키는 대로 했을 뿐이다. 요한은 하인들이 포도주가 된 과정을 알았다고 한 것 같다. 하지만 그들이 메시야를 제대로 알았던 것 같지는 않다. 관심을 가지고 가장 자세하게 본 사람은 그의 제자였다. 자기 스승이 위대한 메시야이심을 믿지 않을 수가 없게 되었다. 대다수 사람들은 예수님이 물로 포도주를 만든 것으로 생각한다. 요한은 그런 말을 한 마디도 한 적이 없다. 물을 길러 붓게 한 후 곧 "떠다 주라"고 했다. 언제 만든 것인가. 무슨 기적을 어떻게 베풀었는지 아무도 모른다. 요한이 생략했을까? 그런 것 같지는 않다. 거기에서 영광을 나타내셨다고 한 것이 요한의 체험이다. 거기에서는 축사 또는 기도도 없다. 무슨 말씀도 없다. 무슨 손을 쓴 것도 아니다. 포도주가 되라고 물을 향해 또는 항아리를 보고 명령을 하지도 않았다. 그렇게 했다면 이해가 쉽다. 오천

명에게 떡을 나눠 주실 때는 하늘을 우러러 축사하셨다. 그곳에서 영광이 나타나셨다는 요한의 증거는 무엇을 말하는가? 제자들이 믿었다는 것은 예수님의 능력이 나타난 것을 의미한다. 그 능력이 안수 기도는 아니었다. 추상 같은 명령도 아니었다.

제자들 특히 그 자리에 있었던 요한이 자기 스승을 믿었다는 것은 영광과 관계가 있다. 그것만은 부인할 수가 없다. 예수께서 물을 채우라고 하실 때 무슨 마음이었을까? 거기에 답이 들어 있을 것 같다. 어머니가 간곡하게 부탁하는 그 소원을 들어 주려고 했을 것이다. 그리고 물을 떠다 주라고 하실 때는 모든 하객들이 소란을 피우기 전에 적절한 시간에 연회장에게 갖다 주라고 명했다. 예수님이 마음먹은 그대로 이루어졌다. 이것이 메시야의 인격이며, 메시야의 능력이다. 말로 해서 일이 되는 것은 메시야의 능력이 아니다. 뜻이 하늘에서 이루어진 것 같이 땅에서도 이루어지는 것이 우리가 믿는 메시야적 신앙이다. 사사건건 하라, 마라 그런 것은 전능자의 능력이 아니다. 가나 출범식에서 증명되는 세 종류의 신앙을 요한은 낱낱이 기록했다.

1) 고하는 신앙 - 마리아
2) 따르는 신앙 - 하인
3) 증거의 신앙 - 제자

그 밖에는 주인도 모르고, 연회장도 모르고, 심지어 신랑도 몰랐고 손님들도 몰랐다.

성경에는 충분하게 기록을 해 놓았다. 그런데 눈에 보이지 않는 모양이다. 고작 한다는 소리가 말을 잘 들었더니 포도주가 넘치게 생겼다는 말이다. 그러면서 교인들에게 순종을 엄청나게 강조한다. 말을 잘 들었더니 대박이 났다고 설교하는 목사가 대부분이다. 거기에 기록된 성경 내용은 절대로 그렇게 되어 있지 않다. 다만 목사들이 교인들에게 순종을 역설하고 싶은 것이다. 그 성경에는 순종이라는 말은 한 마디도 없다. 하인은 순종하고 말고 그런 것을 모른다. 순종이 뭔지 모르는 설교자가 대부분이다. 시키는 대로 하는 것은 순종이 아니다. 자기가 하고 싶어서, 좋아서 하는 것이 순종이다. 순종이 어려워서 하지 않는 것이 아니다. 몰라서도 아니다. 하기 싫으면 못 하는 것이다. 순종하고 싶도록 교인들을 잘 먹이는 것이 목회다.

교인들에게도 말만 잘 들으면 성공한다고 입에 침이 마르도록 역설한다. 그리고 물이 포도주로 변하듯이 변하라고 한다. 아주 틀린 말은 아니다. 하지만 그것은 메시야를 무시하는 설교다. 메시야를 우롱하는 코미디다. 그날의 하이라이트는 변화가 아니다. 물은 물로서 쓰이는 것이다. 물이 변할 이유가 없다.

그 성경을 기록한 요한은 그 현장에 있었던 목격자다. 요한은 무엇을 기록하려고 하는가. 거기서부터 메시야 출범을 바로 볼 필요가 있다.

1. 메시야 출범은 마리아와 무슨 관계인가?

2. 메시야 출범은 누가 참관해야 하는가?

3. 그날 여섯 항아리의 의미는 무엇인가?

4. 그 잔치에서 물과 포도주는 무슨 뜻인가?

5. 그날 잔치에 동행한 제자는 누구인가?

6. 그 집 주인의 이름은 왜 드러나지 않는가?

7. 그 기적에서 나타난 영광은 어떤 것인가?

8. 제자들이 그를 믿었다는 말은 무슨 뜻인가?

9. 하인들이 알았더라는 말은 무슨 뜻인가?

10. 그 잔치가 주는 메시야 교훈은 무엇인가?

11. 설교자가 증언할 메시야 출범 목적은?

12. 이 잔치의 주인공은 누구인가?

메시야 출범의 유대 나라의 행사는 갈릴리 나사렛 가나였다. 그리고 메시야 출범 사마리아 행사는 수가성에서 일어났다. 두 행사의 공통점과 차이점이 있다면 어떤 것인가? 사마리아의 메시야 출범은 위에서 충분히 언급했다. 지금은 가나의 잔치 이야기를 하므로 두 곳에서 메시야의 확실한 의중을 깨달았으면 좋겠다.

메시야는 어차피 세상에 자기를 드러내게 되어 있다. 유대인들이 기대하는 메시야는 다분히 정치적이다. 그러니 예루살렘에서 대규모의 행사가 있을 것으로 상상했을 것이다. 그러나 메시야 출범은 너무나 한가한 이름도 없는 시골 가정집에서 일어났다. 공교롭게도 사마리아 메시야 출범도 아주 한적한 시골에서 일어났다.

유대 나라에서는 예수의 모친 마리아라는 여성이 잔치의 주도적 역할을 한다. 그리고 사마리아에서는 이름 없는 한 과부 여성이 주도적 역할을 한다. 가나의 잔치에서도 물이 등장한다. 물이 모든 것을 해결한다. 사마리아에서도 물이 처음에 등장한다. 물 이야기가 계속되다가 영원한 생수로 클라이막스에 도달한다.

메시야가 세상에 온 것은 허물과 죄를 씻는 것이 첫째 이유다. 주홍 같이 붉은 죄를 흰 눈과 같이 깨끗하게 하신다는 약속이다. 그러니 씻는 물이 처음 등장한다. 돌항아리는 물을 담는 그릇인 것은 틀림없다. 그러나 절대로 먹는 물을 담는 그릇은 아니다. 그 항아리에 아무리 깨끗한 물을 길러 부어도 절대로 사람이 마실 수는 없다.

손을 씻는 대야 구실을 하는 항아리다. 그 물을 포도주로 만든 과정이 없다. 기록을 빠뜨린 것이 아니다. 그렇게 한 적이 없다. 물을 깨끗하게 만든 적도 없고 물을 포도주가 되도록 기적을 행하지도 않았다. 그런데 두 가지 모두 완전무결하게 변했다. 이것이 '메시야'다. 말을 해야 되고 손을 써야 되는 것은 인간의 방식일 뿐이다. 메시야 방식은 그렇지 않다.

'되라' 명하지 않아도 되고, '한다'라고 선포하지 않아도 이루어지게 하는 것이 메시야다. 이를 사람들에게 알려 주는 것이 설교자의 몫이다. 메시야가 마음 먹은 대로 척척 되는 것을 표적이라고 기록했

다. 기적과 표적은 엄청 다르다. 가나에서는

1) 메시야 선포가 없다

2) 축제에 축복이 없다.

3) 축사의 말씀이 없다.

4) 대중에게 교훈이 없다.

5) 천국 복음이 없다.

6) 인사와 사례가 없다.

7) 노래와 춤이 없다.

8) 큰일을 했다는 소개도 없다.

9) 잔치의 결말이 없다.

10) 오직 물밖에 아무것도 없다.

요한은 아주 자상하고 예민한 제자이다. 왜 그런 중요한 부분을 말하지 않고 물 한 가지만 기록으로 남겼는지 깨닫기를 바랐던 것 같다. 한 가지가 천 가지, 만 가지보다 더 중요할 때가 있기 때문이다. 메시야 한 분은 억천만 인간보다 더 중요하다. 그런 뜻으로 다른 이야기를 모두 배제했을지 모른다. 오직 한 가지 진실한 사실이 있다면 물이다. 물의 주인, 물의 달인이 메시야다. 인간은 마셔도 마셔도 결국 목마른 물밖에는 모른다. 그러나 한번 마시면 영원히 목마르지 않는 물을 가지고 계신 분이 메시야다. 예수님은 가나의 혼인 잔치 집에서 그 물을 보여 주셨다.

물은 인간이 만드는 것이 아니다. 만들 수가 없다. 물은 마시는 물과 씻는 물, 일 할 때 쓰는 물 등이 있다. 물이 다른 것이 아니라 용도가 다르다. 그중에 먹는 물이 물의 대표다. 그리고 씻는 물이다. 예수께서 물을 채우라고 하신 물은 먹는 물이다. 물로 모든 것을 씻는다. 몸도 씻고 집도 씻고 차도 씻고 더러운 것은 무엇이나 물로 씻는다. 그런데 물이 더러워지면 뭘로 씻는가. 그것은 아무도 못한다. 컵에 물이 들었는데 그 물이 더럽다면 어떻게 씻어서 먹는가? 그럴 수는 없다. 더러운 물은 쏟아 버린다. 인간이 할 수 있는 것은 버리는 것뿐이다. 물을 깨끗이 씻는 분이 메시야시다. 가나에서는 그것 한 가지만 보여 주셨다. 그것은 온 세상 사람이 달라 붙어도 할 수 없는 일이다. 물을 깨끗게 할 화학 약품이 있을지 모른다. 하지만 그런 것은 식수를 만드는 방법은 아니다. 돌항아리의 물은 절대로 식수가 될 수 없다. 그런데 그 물로 식수는 물론 포도주까지 되게 하신 메시야이다. 물을 바꾸려고 요술을 부린 것은 아니다. 아무 말도 행동도 하지 않고 물을 깨끗하게 하는 그분, 얼마나 신나는 이야기인가? 순종하면 기적이 일어난다. 그러나 순종만을 지나치게 강조하는 것은 메시야 모독이나 다름 없다. 교묘하게 만든 이야기를 베드로는 많이 우려하고 경계했다. 지금이 그런 시대다. 설교를 얼마나 교묘하게 짜 맞추어 놓았는지 감탄할 정도다. 그런 설교에 고개를 끄덕일 수는 있다. 그러나 생명은 없다.

진리의 증인이 아니라면, 밥벌이하는 약장수와 별 차이가 없다. 진정한 설교자가 아니다. 이 글을 읽는 중에 혈압이 올라가서 졸도할 것 같은 걱정이 생긴다. 그래도 내가 죽기 전에 이 말은 하고 죽을 생각이다. 교회가 변할 가능성은 없다. 목사가 변할 가능성은 더욱 없다. 그러나 설교는 마음만 먹으면 당장 변할 수 있다. 그렇게 말을 많이 할 설교는 필요없다. 그렇게 핏대 올려 가면서 열변을 토하지 않아도 진리는 증거할 수 있다. 교인들은 바보가 아니다. 교인들이 목사들보다 영성이 훨씬 앞서 있다.

가나 잔치가 어떻게 끝이 났는지도 모른다. 메시야 만세 할렐루야 그러지도 않는다. 감사하다고 인사하는 일조차 하지 않고 조용히 시작했다가 슬그머니 헤어져도 상관없다. 그러나 성경 기자는 조용한 메시야 그러나 확실한 메시야, 신사적이며 인격적인 메시야, 알뜰하고 자상하고 친절하신 메시야, 멋있고 행복한 메시야를 잘 소개해 주고 있다. 성경을 어린아이 같은 눈으로 보면 그렇게 보인다고 메시야께서 말씀해 주셨다.

사도 요한은 잔치집 이야기를 많이 생략했다. 그 장소에서 메시야 출범을 고하는 믿음, 따르는 믿음, 증거의 믿음, 그것들은 메시야 출범에 필수라는 것을 말해 주는 것이 요한의 신앙적 열정이다.

요한은 이 잔치의 하이라이트를 아주 밀도 있게 기록해 준다. '제자들이 그를 믿으니라' 이 말 속에 요한을 포함한 다른 제자들이 얼마나 큰 감동과 감격을 체험했는지 알 것 같다. 요한은 이 잔치를 더욱 완벽하게 설명하기 위해서 서론을 특색있게 장식했다. 도입부에 '사흘되던 날에'라고 썼다. 그 말은 읽어도 모르는 말이다. 설명이 없기 때문이다. 성경은 일일이 설명하기를 자제한다. 신앙은 입술로 하는 것이 아니기 때문이다.

'사흘되던 날'을 '어느 날에' 라고 생각하고 읽어도 잔치는 이해된다. 그런데 사흘되는 날을 알고 제대로 읽지 않으면 큰 의미를 놓칠 가능성이 있다. 그렇게 쓰지 않으면 훗날 그 잔치에서 메시야 출범의 본 뜻이 흐려지게 된다. 사흘되던 날을 빼면 그날 누가 거기에 갔었는지 그 현장의 증인이 누군지 알 수가 없기 때문이다.

사흘되던 날이니까 이틀이 지났다는 말이다. 지난 이틀이 무슨 의미가 있는가. 그것을 말하고 싶은 것이다. 그 이틀에 한 일은 제자를 여섯 명 불러서 잔치에 갔다는 것이다. 아직 열두 제자를 다 채우기 전이라는 것을 밝히는 이유가 있다. 여섯이라는 숫자의 의미를 풀이하려면 복잡하다.

다만 여섯 제자만으로 출범을 했다는 것이 중요하다. 제자가 몇 명이면 좋은지 그것은 중요하지 않다. 메시야는 조직과 아무 상관이 없다. 그러니 6명으로 출범을 해도 아무 지장이 없다.

이틀 동안 베드로와 안드레, 야고보와 요한 두 집안의 형제 4명을 같은 날 같은 장소에서 불렀다. 그리고 나오는 길에 빌립과 나다나엘 두 친구를 불러서 6명이 되었다. 형제 둘 친구 둘 모두 여섯이 사흘되던 날 움직일 수 있었던 예수의 제자였다. 메시야를 낳은 마리아는 그

토록 기다리던 아들의 거동이 드디어 시작되었다는 것을 알았다.

아들이 뭔가 보여주기를 얼마나 목빠지게 기다렸을지 상상이 될 것 같다. 서둘러서 잔치에 참석하면 그곳에서 많은 사람들 앞에서 뭔가 보여 주지 않을까 기대를 했을 것 같다. 그러기에 포도주가 없는 문제를 자기 아들에게 해결해 달라고 연회장에게는 알리지 않고 아들에게 부탁했을 것이다.

그런데 그것은 참 어이없는 일이다. 예수는 아직 기적 같은 것을 행하지 않았다. 그렇다면 마리아는 어떤 기대를 했기에 자기 아들이 그 어려운 일을 해 낼 것이라고 생각했는지 알 수는 없다. 가능한 추측이 한 가지 있다. 메시야의 성숙이 눈에 보일 만큼 완성 단계에 이르렀다는 것이다.

예수를 엘리야라고 하는 사람이 꽤 많았다. 마리아는 어느새 동네 사람들로부터 엘리야 엄마라고 불리기도 했을 것 같다. 자기 아들이 엘리야 또는 엘리야보다 더 큰 인물로 믿을 수 있는 근거가 마리아에게는 확실하게 심겨져 있었다. 엘리야는 사렙 땅에서 피난 생활을 하던 때에 빈 항아리에서 떡 가루를 계속 나오게 했다. 자기 아들도 엘리야라면 항아리에서 포도주가 계속 나오게 할 것이다.

경험이 있건 없건 그것은 마리아에게 아무 문제가 되지 않았다. 왜냐하면 그것보다 수백 배 더 어렵게 아들을 낳은 경험에 비하면 그것은 아무것도 아니었기 때문이다. 드디어 기다리던 날 옛날 엘리야가 떡가루 나게 하듯이 아들에게 항아리에 포도주가 나오게 해보라고 부탁했을 수도 있다. 예수님은 어머니의 부탁대로 항아리를 찾았다.

마침 거기에 돌항아리 6개가 놓여 있었다. 눈에 들어오는 항아리 곁으로 갔다. 잔치집 하객들은 아무것도 모르고 있었다. 예수님의 거동은 제자들만 보고 있다. 그 여섯 돌항아리를 쓰기로 했다. 그 항아리는 지금 하는 일이 없다. 아무도 항아리가 필요하지 않다. 손님들은 이미 입장을 다 했기 때문에 손 씻는 일에 더 이상 항아리가 필요치 않았다. 놀고 있는 그 항아리를 쓴 것은 아무도 관심이 없어 포도주 항아리로 쓰기에 편했기 때문이다. 예수님은 거기에 물을 채웠다가 퍼내어 마시게 한 것이다.

여섯 제자가 입장할 때 그 여섯 항아리 앞에 한 사람씩 서서 손을 씻었을 수도 있다. 손을 씻지 않으면 입장 불가다. 제자들 여섯이 동시에 잔치에 갔다면 충분히 그런 인연이 생길 수 있는 여섯 항아리다. 자기들 여섯 명과 흡사하게 닮은 보잘 것 없는 항아리다. 그것으로 온 잔치 집을 즐거운 집으로 만든 것은 아주 인상적인 장면이다. 그리고 메시야의 탁월하심을 처음으로 경험하는 역사적인 사건이다.

포도주는 잔치집에서 사람의 몸의 피와 같은 것이다. 피가 고갈되면 생명이 위험하다. 잔치집에 포도주가 없으니 피의 고갈과 같은 현상이다. 그 다급한 상황에서 포도주로 활기를 되찾았으니 마치 수혈을 한 것 같이 되었다. 이것이 메시야 출범의 결정적인 상징이기도 하다.

죽은 생명을 살리는 피를 가지신 메시야, 그 잔치가 곧 기독교라고 할 수 있을 것이다. 하지만 기독교가 지금도 그 역할을 잘 하고 있는가 묻는다면 확답을 하기가 어렵다. 지금의 기독교에서 예수 그리스도가 과연 메시야의 자리에 있는가에 대한 확신이 종종 흔들리기 때문이다. 하지만 누가 뭐라고 해도 예수는 메시야, 즉 구세주시다.

메시야에 대한 이해가 바로 서 있지 않은 곳에 인간의 자유가 있을 리 없다. 메시야 신앙에 대한 확신이 없으면 교회에 화평이 없다. 그러나 메시야의 생명력이 목사에게 있으면 능력이 있다. 메시야의 활기가 살아 있으면, 신뢰와 존경도 회복된다. 활기가 살아나고, 신뢰와 존경이 회복되면 행복과 기쁨은 날마다, 때마다 포도주가 넘쳐나듯 솟아날 것이다.

Hongrim Bible Study

전도서 읽는 시간
코헬렛 – 허무의 시대를 살아가는 삶의 지혜
장빈 지음 | 11,000원

영적 거장들의 요한 복음을 한곳에서 만난다
한 사람
존 웨슬리 외 지음 | 하예령 역 | 11,000원

인물 중심의 이야기 성경
인물로 배우는 성경 신구약 세트(전2권)
이용원 지음 | 각권 12,000원

하나님과의 교제로서의 묵상
삶을 변화시키는 성경 묵상
문정욱 지음 | 9,500원

내 안에 거하라 나도 너희 안에 거하리라
완전한 화평 – 허드슨 테일러의 아가서 묵상집
허드슨 테일러 지음 | 하예령 역 | 9,000원

자연계의 극심한 변화가
하루가 다르게 인간들을 공격하고
세상을 위협하고 있다.

이러다가 인류가 종말을 맞는 것은 아닐까 우려가 된다. 이런 공포심
보다 더 자극적인 것이 하나 더 있다. 그것은 종교의 난동이다. 잔인
하고 악랄하여 말릴 사람이 없다. 한편 이 무력으로 연일 공격에 나
서면 다른 편에서도 비웃듯이 다른 작전으로 반격에 나선다. 잔인한
폭력 사태는 멈출 기미가 없이 세계를 공포의 분위기로 몰고 간다.
성경의 세계는 오늘의 이런 세태를 이미 예고하였다. '나라가 나라
를, 민족이 민족을 대적하여 일어나는' 재앙이다. 올 것이 온 것이다.
오늘날의 이 같은 비극은 탈성경, 반신앙의 모습이다.

9 788969 340054
ISBN 978-89-6934-005-4 03230
Printed in Korea   값 9,000원

03230